初任者教師の

スタプロ

ハッピー学級経営編

山崎克洋
監修

森大樹
編著

東洋館出版社

　日本における新入社員の研修期間の平均は約３ヶ月と言われています。

　また、医療の分野では研修医としての期間は約２年です。命を預かるからこそ、専門的なスキルを先輩からしっかりと学び、現場に立ちます。

　さて、専門職である教師の研修期間は一体どれくらいでしょうか？

　４月１日、現場に行った日、「あなたは○年○組の担任です」と言われます。

　つまり実質０日です。

　もちろん、初任者は年間を通して研修があります。

　しかし、それは教師をしながらの『ながら研修』であり、子どもたちは研修を大して受けていない人から、教育を受けることになります。

　これは、子どもにとっても、そして、教える教師にとっても不幸です。

　もちろん、大学で教員免許を取得していますから、教育についての情報はもっているはずです。

　しかし、現場で本当に使える教育技術や考え方を大学は教えているでしょうか？

「４月のスタートで何を話せばいいの？」

「朝の会ってどうするの？」

「給食・掃除の指導ってどうするの？」

「保護者対応はどうしたらいいの？」

　多くの教師が、新卒の頃、わからないことだらけだったはずです。

　この大学の教員養成のおかしな仕組み、おかしな初任者研修制度に、私は学生の頃からずっと疑問をもっていました。

　そこで、これらを改革するプロジェクトとして、『初任者のためのスタートアッププロジェクト』（通称スタプロ）を立ち上げることにしました。

　全国の実力派の先生方に無料で講師になっていただき、約３ヶ月間に渡って

実施されたスタプロは、総勢100名の初任者・初担任の方にご参加いただきました。

　たくさんの方の支えのお陰で、「初任者が少しでもハッピーに１年間を過ごせるためのサポートをする』という目的を達成することができ、無事１年目の活動を終えました。

　そんな、スタプロ１年目の活動が終わるにあたり、東洋館出版社さんより、「ぜひ初任者を応援する本を出しませんか？」とお誘いがありました。
　私たちの目的である、『初任者が少しでもハッピーに１年間を過ごせるためのサポートをする』ことにも合致する内容だと考え、講師メンバーが中心となって執筆することになりました。

　また、せっかく初任者・初担任の方が100名参加してくださった企画だからこそ、スタプロ参加者の生の声を、この本に掲載したいと考えました。

　彼らが実際に１年目に何に悩み、何を考え、何にやりがいを感じたのか。
　彼らの生の声を出発点とした、初任者に寄り添った本になりました。

　教師の多岐に渡る仕事の中から、学級経営、授業技術、仕事術、この３つのカテゴリーに分けて３冊セットでの発刊となります。

　これから教師になる初任者はもちろん、教師として働く土台をしっかりと身につけたいすべての若い先生方に、この本が支えとなることを願っています。

スタプロリーダー　山崎克洋

スタプロでの学びと学級経営

　私たちはスタプロに参加した初任者のうちの3人です。ここでは、スタプロでの学びをどのように活かしているのかを紹介します。

齋藤祐佳

　私は宮城県の小学5年生の担任です。優しく協力できる子どもが多く、その優しさにいつも助けてもらいながら、楽しい毎日を過ごしています。

　私は、4月から教師として働くことが決まったとき、楽しみでしかたがありませんでした。一方、学級の子どもたちを、突然「先生」になった私がまとめられるのか、不安がありました。

　スタプロでは、経験を積まれた先生方も等身大で悩み、試行錯誤しながら日々指導にあたっていることがわかりました。さらに、初任者を応援してくださるたくさんの先生方の存在を知り、私は勇気づけられました。

　働く前に学ぶことによってその学びは自分の助けになりました。知識があれば、上手くいかないときに、子どもたちや自分が悪いのではなく、自分の"やりかた"が間違っているのだと気がつくことができます。学びにもとづいた拠り所があれば、失敗を成長のチャンスと捉えることができます。

　1年後、「この学級でよかった」。自分も子どももそう思えるよう、大切に日々を重ねています。

小谷地耕大

　私は、青森県の小学2年生の担任です。素直でおとなしい子どもが多いですが、休み時間に体育館に行くと、駆け寄ってくるところがとてもかわいらしく、自慢の子どもたちです。

　先に教職についた私の友人は適応障害になり教職を離れました。子どもとの関係づくりにつまずいたことから、余裕がなくなり、意欲が失われ、理由もなく涙を流していました。

その姿を目の当たりにし、学ぶ必要感が生まれスタプロに参加しました。

　先生方のお話では「ほめて伸ばすこと」が繰り返し出てきました。実際にほめることを実践すると、子どもがニコッと喜ぶ姿や、周りの子供が行動を改善する姿がみられました。よい行動にぴったりのほめ言葉を伝えられたときは、その子どものしぐさや表情から、心が通じ合ったような感覚になります。それが増えてきたとき、クラスに笑いが多くなったり、全体指示が通りやすくなったりしました。「ほめること」の絶大な効果を感じました。とはいえ、叱らなければいけない場面もあります。叱る際には線引きを明確にして、子どもたちに「何が悪かったのか」伝わるように心がけています。

　ほめることと叱ることのバランスを試行錯誤しながら毎日を過ごしています。

菅野翔大

　私は福島県の小学３年生の担任です。好奇心旺盛な子どもが多く、明るく素直な心で過ごす子どもを見ていると、素敵な出会いができてよかったと感じます。

　私は大学４年生の春休みから、４月の学級開き、夏休み明けの指導、係活動の決め方などについて教育書やスタプロを通して学びました。

　しかし、学んだことが現場の子どもたちにすべてあてはまることはなく、特に生徒指導の面では苦労をしました。そのときは、同じ学年の先生方に相談をし、教えていただいたことをすぐに実践することを意識しました。

　上手くいかなかったときこそ成長のチャンスだと思い、教わったことを実践していきました。そのことが来年の自分を助けてくれると思います。

　この１年を通して、うれしいことがたくさんありましたが、苦しいと思うこともたくさんありました。それでも、学級で楽しそうに活動する子どもたちを見ることは一番のやりがいであり、子どもたちの可能性を伸ばしていけるような教師になりたいと改めて感じています。

　大変なこともありますが、３人とも教師の魅力を感じながら過ごしているのは、学びを学級で実践できているからだと感じます。学級経営の答えは示されていません。しかし、だからこそ自分で学級をよりよくしていけると、私たちは信じています。

目　次

序章

学級経営理論編

学級経営のやり方と在り方

学級経営を想像してみよう

「先生、この前の休みに動物園に行ったよ」「一緒にドッジボールしましょう」「今日の給食美味しかった」

　教室には子どもたちのこんな声が聞こえてきます。

　また、「○○さんが悪口言ってきました」「怪我しました」「勉強したくない！」など、対応に困る声ももちろん聞こえてきます。一人ひとりが育った背景や性格、思い、価値観の異なる個性豊かな子どもたち。学級担任は、１年間そんな子どもたちと一緒に過ごしていくのです。子どもたちにとって、接している時間でいえば、保護者の方よりも先生と過ごすことの方が多いかもしれません。

　あなたは、子どもたちと共にどんな学級をつくっていきたいですか。

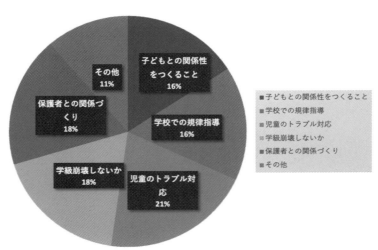

図　学級担任をする上での、不安についてのアンケート

時代の変化と共に

　現在多くの学校では、１人の学級担任が１年間同じ学級を経営していく、昔ながらの形式がとられている学校が多いのではないでしょうか。しかし時代の変化と共に、学級担任は１人でやっていくという形式から、変わりつつあります。

　左ページのアンケートをご覧になってください。教員に採用が決まった学生に「学級担任をしていく上で、不安なことはなんですか」という質問をしてみました。結果は、18%の学生が「学級崩壊しないか怖い」と回答しています。いざ、採用されて教師としてがんばるぞと、気持ちが高まっている学生だとしても、１年間学級を崩さずに働けるかが不安なのです。これは、メディアやSNS等で「学校はブラックだ」と言われていることも影響しているのではないのでしょうか。学校現場のブラックな面が目立つと不安ですよね。現に、そういった風潮を受けて「教師」という価値観も変わってきていることは間違いありません。

　また、学年担任制といい、学級担任を固定せず学級における子どもたちの指導や事務処理等の業務を、複数の教員がローテーションで担当するといった、運営方法を取り入れている学校も出てきました。

　私がここで伝えたいことは、「１人で学級経営しない」ということです。担任だけで、学級は運営していくものではありません。様々な人の声を聞きましょう。

　保護者の方の声、同学年の先生の声、管理職、地域の方、そして忘れてならないのが子どもたちの声です。初めて学級担任をするときは余裕もなく、声に耳を傾けるということを忘れがちです。

　ぜひ、この本で学級経営のやり方を学びながら、「自分だったらどうするか（どうしたいかな）」という在り方も大切にしてほしいと思います。

学級担任に必要な
マインドセット

教師として必要な軸をつくっていこう

　先述のページで、やり方と両輪で「在り方」が大事であることをお伝えしました。

　しかし、私の初任者時代をふり返ってみても、自分が教師としてどうあるべきかなんて考えてもいなかったし、経験もまだまだで自分の軸もありませんでした。ただ、学級経営をどうやっていくかというスキルを学んでいきながら、自分はどう在りたいかという「在り方」も育てていったように思います。
「在り方」が育ってくると、「自分らしさ」が生まれてきます。今まで教科書通りだった実践に、自分らしさのエッセンスを加えて、より子どもたちと心でつながる実践へと変わっていきます。より力を発揮できるようになります。

　次のページからは、「在り方」の軸となる「自分らしさ」を確認するページです。いくつか私が問いかけますので、ぜひ今の自分に合う答えを書いてみてください。そして学級経営をしていきながら、何か自分らしくないな、この実践は自分に合わないなと思ったとき、ぜひこのページをふり返ってみてください。

　過去、あなたが大切にしたかった「軸（思い）」は今の自分が大切にしたいこととつながってくると思います。

自分らしさを見つけるための６つの質問

問い①　あなたはどうして教師になろうとしたのですか

記入欄

　ヒント：だれかからの言葉、出来事

問い②　どんな教室を子どもたちと一緒につくりたいですか

記入欄

　ヒント：子どもたちが教室で過ごす姿、自分が好きな空間

問い③　あなたの強みは何ですか

記入欄

　ヒント：自分の好きなこと、得意なことが学級経営につながります

問い④　1年間終わったときに、子どもたちにどんな力をつけたいですか

```
記入欄




```

　ヒント：育てたい力

問い⑤　あなたは何か困難なことがあったときどうしますか

```
記入欄




```

　ヒント：相談できる相手

問い⑥　クラスの子にとって、どんな教師でありたいですか

```
記入欄




```

　ヒント：だれか尊敬できる先生はいますか

私が教師をめざした理由は、弟に宿題を教えていたときに「ありがとう」と言われたことがきっかけで「何かを教えて喜んでもらえるのはうれしいな」と感じたからです。それからというもの、弟はどうしたら理解してくれるのかなと思い、お小遣いでホワイトボードを買って黒板のようにして教えていたのを覚えています。

　そんな私も、教師となり担任をもたせてもらいました。毎日毎日、子どもたちと一緒に学習する喜びを感じていました。しかし、授業だけでなく生徒指導や放課後に校務分掌の仕事など様々な業務に追われていると、授業準備をする時間が少なくなってきました。

　準備が疎かになった私は、子どもたちが授業を理解していないと「なんで？」と思うようになってしまいました。そのように忙しい日々が重なっていきました。あるとき、廊下で出会った先輩から「森君、笑顔がないよ」と言われました。

　その一言で、私はハッとしました。私は、大切にしないといけない何かを失っていると。私は、子どもたちに喜んでもらうため教師になったのに、子どもたちの笑顔を逆に奪っているのではないか、ということに。

　授業をもっとよくしたいと思って、様々な実践に取り組むことはとても素敵なことです。ただ、それは「あなたが本当に大切にしたかった何か」ですか。

　ぜひ、あなた自身の中にある「自分らしさ」とここに書いてある実践を組み合わせて、さらに素敵なものを子どもたちに届けてあげてください。きっと、子どもたちは受け取ってくれます。

子どもを理解するための
マインドセット

木も森も見よう

学級経営には、2つの視点が必要だと思います。

「学級全体を見る」「個人を見る」

ことわざで「木を見て森を見ず」というものがあります。学級にも同じようなことが言えるのではないでしょうか。

学級には必ず目立つ子どもがいます。ルールをよく乱す子、いつも授業で発表する子、休み時間の度に先生に話しかけてくれる子など、担任をしているとそんな子によく目が行きがちです。しかし、そのような子ばかりに目が行っていると……、どうなるか想像つきますよね。

そのため、学級全体の雰囲気を感じることと学級の子どもたち一人ひとりが「どのような心の状態で」「だれとつながっていて」「何を求めているのか」など、細かく見取ろうとすることが大切です。

私が子どもを理解するために大切にしていることを3つ紹介します。

ポイント **レッテルを貼らない**

「〇〇さんはこんな子だ」と決めつけないようにしています。
　とはいえ、事実を知ることは大事です。

・Aさんは過去、Bさんとトラブルがあって馬が合わない
・Cさんは算数の計算が得意で、走ることに苦手意識をもっている
・Dさんは整理整頓が苦手で、物をよくなくしている

　例えば、「走ることが苦手だから、体育にはなかなか参加しようとしない」。目の前の事実だけ見ればそのように想像してしまうかもしれません。
　しかし、Bさんの友だちから、「Bさんは、走るのが苦手だけど休みの日にお父さんと一緒に公園で練習していました」と聞くとどうでしょうか。
　今までのBさんに対して思っていたイメージが、変わってきますよね。

　このように、目の前の事実だけではなくその子がどのような思いをもっているのか、その子に聞いてみたり、他の先生や子どもたちや保護者の方に聞くことで新しい価値観や思いが生まれてきます。
　だから、私はレッテルを貼らないように気をつけています。

ポイント **子どものよいところに目を向ける**

　あなたは、クラス全員のよいところをすぐに言えますか。
　意識していないときは、とても難しかったです。所見を書くときに、よいところを書こうと思っても、必ずあるはずなのにすぐに出てこない。子どものできていないところは、すぐに思いつくのに。

　それに気づいたとき「子どもたちのことをきちんと理解できていないな」と感じました。
　それからは、子どもたちのよいところ、素敵なところを手帳にメモするようになりました。気づいたらすぐに書くことをおススメします。
　よいところとは、何も特別なことではなく、子どもたちのできているところ

に目を向けることからみつけることができます。

　なかなか人の話が聞けないと思っている子どもにも、

・周りにたくさんの友だちがいる
・笑顔が素敵
・困っている友だちがいたらすぐに駆けつける

　など、できていることがたくさんあります。それらは、一つひとつその子の素敵なところです。もしかして、教師ができていて当たり前と思っていることも、その子にとっては素敵なところかもしれません。

ポイント　子どもの「当たり前」を否定しない

　価値観は、人それぞれ違います。
　教師からみて当たり前と思っていることも、子どもからしたら「当たり前」ではないのかもしれません。なぜなら、子どもたちは前の学級の文化やそれぞれの家庭の当たり前の中で育ってきたからです。
　突然、当たり前と思っていることを否定されれば、だれでも傷つきます。
　例えば、

「掃除は教室の前からきれいにしないといけないでしょ」
「給食のおかわりは、１回までです」
「文房具の貸し借りは、ダメです」

　など、今までの学級ではできていたことや子どもがやってもよいと思っていたことを否定されれば、「この先生は、おかしいことを言っているな」と不信感につながることがあります。

　子どもの言動に違和感を覚えたら、いきなり注意をするのではなく、まず「どうしたの？」「どうしてそれをしているの？」と問いかけてみましょう。
　そうすると、子どもは先生の問いかけに答えてくれます。子どもの意図を汲み取ると、注意するべきことではなかったかもしれません。しかし、この一つ

ひとつの積み重ねが子どもとの信頼関係につながってくると思います。

　以上、紹介した３つのことは、すべて私が教師をしていて失敗したなという反省から学んだことです。つまり、今ふり返ると、子どもたちのことを十分に理解できていなかったのです。多くの子どもたちを傷つけてしまったなという懺悔の気持ちもあります。もちろん、今でもまだまだ理解できていないし、理解しようと思ってもできていないことはたくさんあります。それは、みんなそれぞれ１人の人間だからです。

　だから、子どもの言動に対して理解できないときは素直に本人に聞いています。何よりも、日々の対話をすることが大事だと感じています。
　子どもたちは日々、様々な気持ちの変化を感じています。それを汲み取るためにも、教師はいつでも話せる存在でいたいですね。

第 **1** 章

学級経営はじめの一歩
1学期編

子どもたちと出会う前に
やっておきたいこと

　子どもと出会うまでは、わくわくする気持ちと同時に、「上手くいかなかったらどうしよう……」といった不安な気持ちも生まれてくるでしょう。「何かしなきゃ！」と思うけれど、何をどうすればいいのかわからなくて、気持ちだけが焦る……。そんな経験をかつて私もしました。

　でも、大丈夫ですよ！　出会う前にやっておきたいポイントをお伝えします。気持ちのよいスタートを切るためにも、１年間を素敵なものにするためにも、子どもと出会うまでの時間を大切にしていきましょう。

ステップ 1 「どんなクラスにしたいか」ゴールのイメージをもとう

　はじめに１冊のノートを用意してください。そして、あなただけの"学級経営ノート"をつくってください。"学級経営ノート"とは、あなたの思いや考えを今後、どんどん書き残していくノートです。あなたの成長とともに進化していく、宝物のノートとなること間違いなしです。

　さぁ、その１ページ目には「どんなクラスをつくりたいか」「３月に、子どもたちにどんな姿になっていてほしいか」というゴールのイメージを書きましょう。自分の子どもの頃を思い出して、どんなクラスが楽しかったかなと考えてみるとわかりやすいです。もしくは、「こんなクラスはいやだ！」という姿をイメージしてみてください。そのマイナスのイメージをプラスに変換してみると、どんな姿がいいか具体的に思い浮かんでくると思います。

　頭の中のイメージを鮮明にする基本は、"言語化"することです。最高のゴールイメージとシナリオをもって１年間をスタートする。すると、きっとこの先、あなたが悩んだり立ち止まったりしたときに、書き残した言葉たちが道標となり、あなたの背中をそっと支えてくれますよ。私も１年間通して、何度も何度も１ページ目を見返しています。

ステップ 2 職員室の先生方と親しくなる

　今、世の中にはとても素敵な学びがつまった本やセミナーがたくさんあります。「自分から情報を求め、学びにいく」というのはとても重要なことです。実際にこの本を手に取って読んでくださっているあなたは、自分から情報を求めて動ける人です。"自分から動く"というのは大きな努力です。

　しかし、あなたは勤務校に所属する職員の一員です。地域によって取り組み方も異なりますし、文化も違います。あなたが困ったときや悩んだとき、いざ実際に手を貸して共に向き合ってくださるのは勤務校の先生方です。勤務校の子どもたちの幸せのために、共に進んでいく同志なのです。はじめから外の世界ばかりに頼るのではなく、ぜひ職員室の先生方とつながってくださいね。そして、頼れる先生を見つけましょう。先生方はプロの集団です。「国語のことなら〇〇先生」など、少しずつ先生方の得意を見つけておくのもいいですね。先生方は、頼られることが大好きです。"頼る力"も教師として必要な力です。

ステップ 3 子どもの名前を覚える

　初日に子どもたちとよりよい出会いをするために、まず、私たちから関心を寄せていることを伝えてみましょう。はじめて子どもと出会うときに顔を見て、「〇〇さん」と声をかけることができたなら、それは子どもにとって先生からの一番初めのプレゼントとなるでしょう。子どもの心をぐっとつかむことができます。そしてうれしいと感じた子どもは、帰って家庭でも報告してくれることでしょう。それを聞いた保護者もうれしく思い、翌日以降も安心感をもって送り出してくれるはずです。

チェックリスト

□ 学級経営ノートはつくりましたか

□ 「こんなクラスにしたい！」というイメージをもち、ノートに書きましたか

□ 職員室の先生方と親しくなりましたか

□ 頼れる先輩を見つけましたか

□ 子どもの名前を覚えましたか

学級開き
～子どもたちとの最高の出会いをめざして～

　新年度を迎えるにあたり、きっとドキドキと緊張している先生が多いと思います。

　同時に子どもたちも、「今年はどんな先生なのかな？」「だれと同じクラスになるんだろう」と胸を弾ませたり、中には不安に思っている子もいるでしょう。

　「黄金の３日間」という言葉もあるくらいで、最初が肝心であることはこれを読まれているみなさんもご存知だと思います。私自身もそう思っていましたが、いざ始まるとなると何をどうすればいいのかと悩んだものです。

　子どもたちが、「なんだか楽しそうな先生だな」「わくわくするクラスになりそう」と思えるような出会いにしたいものです。

　ここでは、私が10年ちかく使っている学級開きネタを紹介します。

（ステップ）**1** 出会いの黒板メッセージ
～出会う前から出会いは始まっている～

　私の今まで働いた学校では、担任が発表される前に子どもたちは新しい教室に入ります。教室に入った子どもたちは、だれが書いたかわからないメッセージを読むわけです。

　ここにある仕掛けを施しておきます。

・頭文字をとると名前が隠されている

「もり　けいさく（担任名）」

・女性の絵が描かれているが、男性の先生

　この仕掛けはあとで教室に戻ってきたとき、子どもたちに「黒板に隠された秘密は？」という問題にして投げかけます。

ステップ 2　出会いのあいさつ　〜つかみが肝心！〜

　何ごともつかみが大事です。自分の名前や好きなものをアピールしましょう！

・名前であいうえお作文

「も…もっと背が高くなりたい。り…料理が好きな。もり先生です！」

・得意なものを披露

　ギター、歌、モノマネ、中にはバク転を披露した先生を見たことがあります。その人独自のインパクトを与えることができます。

・地元や趣味、好きなものを紹介

「実は〇〇県で生まれて……」「〇〇のゲームにハマっています」「好きな教科は体育です」など、子どもたちと共感できることを話し、心の距離を縮めることができます。

ステップ 3　最初のお手伝い〜ほめるポイントをたくさんつくる〜

　始業式で担任発表が行われ教室に向かいます。

　そのとき、教科書を教室まで運びましょう。そして一緒に運んでくれた子の名前を必ずメモします。

　また、教室に入るとき「おはようございます」とあいさつし、返事がいい子をほめ、もう一度あいさつします。「みんなも教室に入るときはあいさつをしよう」と伝え、次の日、あいさつして入ってきた子をほめます。

　大切なのはほめるポイントをたくさんつくることです。以下に、ポイントを

図にまとめてみたので参考にしてみてください。

```
・大きな声でのあいさつ        ・名札をつけている
・荷物の片付けが早い          ・筆箱の中身がそろっている
・起立の姿勢がよい            ・机がそろっている
・起立した時、椅子を入れている  ・授業の準備をしている
・返事が良い                  ・手の挙げ方
・友だちと仲良く登校した      ・友だちの発表の聞き方
・朝ごはんを食べてきた        ・筆記用具の使い方
・始業式の整列の早さ          ・電気や窓、クラスのために
・始業式での姿勢              ・配布物を配ってくれる
・教室移動                    ・声の質
・靴の入れ方                  ・ルールを守る
・忘れ物がない                ・話し合いに積極的
・プリントの渡し方            ・ゲームを楽しんでいる
・文字が丁寧                  ・男女の壁がない
```

ステップ 4 出会えた喜びを語る

「先生は今日の始業式がとっても楽しみでした。○年○組の子どもたちはどんな子たちだろうとワクワクしていました。いろんな先生方から新○年生はすごく元気があって、一生懸命な子が多いって聞いています。これからの1年がとても楽しみで仕方ありません。

正直、クラス替えで今まであまり話したことがない人や、苦手だなと思う人もいるかもしれません。けれど、この○人と森先生をあわせて○年○組です。○年○組という仲間です。あまり話した人とずっと話さないより、話して仲よくなれるほうがいいよね。苦手だと思っていた人のいいところを見つけて、仲よくなれたら幸せだよね。

先生は、この○年○組という仲間たちと、たくさん遊んで、たくさん勉強して、成長できたなぁ、楽しかったなぁと思える1年にしたいです。先生も精一杯がんばります。これからよろしくお願いします」

このように出会えた喜びを語ります。また話をしっかり聞いてくれていた子や、笑顔でうなずいてくれる子に「ありがとう」と伝えるのもいいですね。

一人ひとりの名前を呼びます。返事の仕方も先に教えます。「はいっ！」と小さな（つ）が入るように意識できるようにします。

このときに名簿を見ずに、全員の名前を呼ぶと、「えぇ〜！　何で？！」と驚きの声が聞こえるのでおススメです（名簿と写真があれば覚えやすいです）。

私は名前呼びとともに、一人ひとりハイタッチか握手をして回っています。最後「みんなよろしくね」と伝えたあとに、ある子どもたちの名前を呼びます。

「AさんとCさん立ってください。実はこの2人はみなさんと少し違うところがあります。何かわかる人いますか？」

みんな悩みますが、途中で気がつく子もいます。呼ばれた子は誕生日をもう迎えているという訳です。みんなでお祝いの拍手をします。それだけで温かい雰囲気が生まれます。

またクラスの雰囲気次第で、「今日だけAさんをニイさん、Cさんをネエさんと呼んでいいよ」と伝えると、より盛り上がります。芸人さんたちが先輩を呼んでいる感じです（笑）。

ステップ **6** 学級で大切にしたいことを伝える

　ここでは、
①学校に来る目的意識の確認
②叱るポイント
③教師の思い
　をもとに、実際の新6年生の学級で私が伝えた内容を紹介します。

（Ｔ：先生　　Ｃ：子どもたち）
Ｔ「先生からみなさんに期待していること、がんばってほしいことを伝えます。
　　（姿勢のいい子をほめる）
　　学校は何をする場所でしょう？
　　（手をきれいに挙げている子をほめて指名する）」

Ｃ「勉強するところ！」
Ｃ「かしこくなるところ！」
Ｃ「友だちと会うところ！」

Ｔ「学校で勉強することには2つの意味があります、1つ目は国語や算数など
　　の教科の勉強です。2つ目は、出会った人と仲よくなるための勉強です」
　　（①）

Ｔ「宿題をしない。授業にまじめに取り組まない、邪魔をする。いじめる。差
　　別する。これは学校に来る意味と逆の意味ですね。そういうことをする人を
　　先生は許しません」（②）

Ｔ「あなたたちはこの学校の最高学年になります。これからは○○小の見本に
　　ならなくてはいけません。授業態度、掃除、給食、教室移動、言葉づかいま
　　で見られています。学校で勉強するという意味を、その姿で下の学年に示し、
　　あこがれられるような6年生になってほしいと思っています」

Ｔ「適当にするのはカッコ悪いです。一生懸命にがんばる人を邪魔したり、悪

く言ったりする人は許しません。遊びでも勉強でも一生懸命がんばる人を先生は応援しています」（②、③）

T「ただ何でもかんでも一生懸命は疲れるだろうから切り替えをしっかりして、やるときはやる！　の精神でがんばりましょう」

C「はいっ！」

T「おっ、今は聞くときだから一生懸命には話を聞けているなぁ」

T「いい返事ができるのもすばらしい。遊ぶときは一生懸命に遊ぶ、勉強するときは一生懸命に勉強する、あいさつするときは一生懸命にあいさつする、だらけるときは一生懸命にだらける（教師がだらけたポーズをとる）」

C「はーい（笑）」

T「そのときそのときに、何をすべきか自分で考えて行動できる6年生になってほしいです。そ・し・て！　小学校最後の年をめっちゃ楽しく一生懸命に過ごしていきましょう！！」（③）

　みんなで遊ぶ時間を設けます。私がおススメするのは「じゃんけん連続勝ち」です。

　ルールは３つ。

①出会ったら「○○さん、おはよう」「おはよう」とあいさつしてハイタッチ
②相手は男子、女子、先生の３人
③連続で３回勝たないといけません。負けると違う相手と最初から

「相手は男子、女子１人ずつです。２人連続で勝てたら先生に挑戦できます。そこで先生に勝てたらクリアです。負けた人はもう一度最初からです。制限時間３分でクリアした人は未だに見たことはありません。クリアできる人はいるかな？　では、よーいスタート！」

　ゲームが終わると、「男女で仲よく遊べるクラスは本当にいいクラスです」と価値づけします。

ほかにも……　～スタートから１週間でやりたいことをリストアップしておこう～

　ほかにも、子どもたちへ伝えたいことや、行いたい活動などをリストアップすることで可視化され意識して行うことができます。私のリストを簡単に紹介します。

・プリント、手紙の配布の仕方

　両手で紙を持ち、顔を見て「どうぞ」「ありがとう」が言える子をほめます。

・おもしろ自己紹介

　自己紹介カードの最後に３択クイズをみんなでつくります。３つ目の選択肢は必ずボケるようにします（笑）。

　例）「私は４月３日が誕生日です。ここで問題です。誕生日プレゼントは何
　　　をもらったでしょう。１．ぬいぐるみ２．ゲームソフト３．マンション」

　普通の自己紹介なら間のびを感じますが、最後におもしろクイズがあると楽しんで聞くことができます。

　一番最後は教師からも問題を出して笑ってゲームを締めくくりましょう。

・美文字を意識

　姿勢を正し、呼吸を整えて、連絡帳を全員でゆっくり丁寧に書かせます。自分の中で最大限、丁寧な字を書くことで、今後そのような字をめざして書こうとする意識が芽生えます。

　丁寧に書くことで字を覚える、周りの人も読みやすくなる、集中力が高まるなどその意味や価値も伝えましょう。

・秘密の質問カード

　子どもたちとの関係を築いていくために、私は「自己開示」することが大きな手だてだと感じています。

　「先生に質問がある人？」と聞くとたくさんの質問がくることでしょう。それにすべて答えていては時間がいくらあっても足りません。

　そこで１枚の用紙を配り、先生への質問を書かせます。その用紙に教師は返事を書きます。私にだけ答えてくれたという特別感を与えることもできる実践です。

・紙トーク

　紙を４つに折り、右上には名前（どう呼んでほしいか）、右下は好きな教科、左上は好きな遊び、左下には好きな番組などを書かせます。

　「今から５分間、その紙をもっておしゃべりしにいきましょう。男女関係なく、いろんな人と関われたらいいね！　目標は３人以上！　では、スタート！」

　子どもたちは自由に立ち歩き、紙に書いたことをもとにお話を始めます。

　ここで大事なのが、子どもたちはすぐには関われない、ということを知っておくことです。紙に話す内容を書いている分、若干話しやすくはなりますが、なかなか上手くいかないのが人間関係というものです。

　教師はいろんな子に積極的に関わっている子、相手の話を笑顔で聞いている子、質問をして話を深めている子などを探し、全体で価値づけしていきましょう。

　このアクティビティは紙に書く内容を変えて、しばらくの間は毎日続けます。少しずつ子どもたちがつながっていき、教室に温かいムードが広がっていきます。

・学級のシステムを伝えていく

　子どもたちが朝登校してから、下校するまでの流れを明確にします。

- ・朝登校してから何をするのか
- ・提出物はいつどこに出すか
- ・忘れ物をしたときにどうするか
- ・朝の会や帰りの会の進め方
- ・授業の開始と終了の仕方
- ・休み時間の過ごし方
- ・給食の準備、当番、食べ終わったあとの待ち方
- ・掃除場所と掃除の仕方

　これは、同じ学年をもつ先生方と合わせていたほうがいい場合や、学級で子どもたちと一緒につくり上げていく場合もあります。

子どもたちが安心して１日を過ごせるように、見通しをもたせてあげることが大切ですね。

・手紙「卒業式（終業式）の日の自分へ」（プチタイムカプセル）

　内容は書いた子ども自身しか知りません。もちろん先生も読みません。卒業式（終業式）の日にどんな自分でありたいか、それをイメージします。この１年をどう過ごすのか、１年後にどうなっていたいかを考えて、自分への挑戦、目標などを書かせます。

　その手紙は、卒業式（終業式）の朝に机の上に置いて返します。

（ポイント） 教師が笑顔だから

　教師のもつべきマインドとして、「子どもが笑顔だから教師が笑顔になる」のではなく、「教師が笑顔だから子どもが笑顔になる」ということが大切です。せっかくみんなで楽しくゲームをしようと思ったのにルールを聞かない子どもがいて教師が叱る、なんてことになったら本末転倒です。

　難しいことは百も承知ですが、どんなときも機嫌よく子どもたちに接していけたらと思います。

まとめ

　一生に一度しかない、せっかくの出会いです。子どもたちにとっても先生にとっても素敵な１日になるようにしっかり準備をし、心の余裕をもってその日を迎えたいですね。

最初の3日間の学級経営の進め方

　とにかく「確認」に注力する。これが、最初の3日間のポイントです。

　新しい学年や学級、新しい友だちとの出会いによって、様々なルールが不安定になっているからです。

　学級開きの際に伝えた目的を何度も確認します。掃除や給食の当番活動についても確認します。休み時間の過ごし方、あいさつや廊下歩行なども再確認します。

　その「確認」を徹底的に行う時間が、最初の3日間の重要なポイントです。

　初任者の先生にとって、「教室のルール」への不安が最も大きいかもしれません。初めて学級を任されるからです。場合によっては、子どもたちが「前にこういうふうに教わりました！」「前のクラスではこうしていました！」「○○先生はこうしていました！」と意見をもち出すことがあるかもしれません。

　そうした状況では、まずは子どもたちの声に耳を傾け、素直に意見を受け入れてみることから始めてください。

　その上で、学級担任としてどのように進めたいかを考え、判断し、合意形成することで、1年後の目的に向かって進むことができます。

ポイント 1 授業の中で確認する

　実は、学級経営の核心は、日々の授業にあります。

　若手の先生方から寄せられる悩みの多くは、「生徒に集中してもらうことが難しい」「指示が通らない」といった学習規律に関する内容だからです。

　学級経営が上手くいかないと感じた際、それは授業が上手く機能していない可能性があります。

　最初の3日間は、たとえ授業が順調に進まなくても、その都度「確認」を交えながら丁寧に進めることが重要です。

　例えば、「聞き方にどんな工夫が必要だったのかな？　Aさんのようによく

聞けましたね。なぜＡさんが上手だったと思いますか？　Ｂさん、あなたの意見は？」といった形で、子どもたちの反応を通じて確認していきます。

　厳しい指導ではなく、子どもたちが意識を向けるような「確認」を行うことをおススメします。

ポイント **2** 朝の会や帰りの会で確認する

　特に注意してほしいことを伝えたい（確認したい）場合、朝の会や帰りの会は、まとまった時間を確保しやすい場です。

　その場で、学級で共有したいことを伝えましょう。その際、具体的な時間帯や内容を記録しておくと効果的です。「移動中に」「掃除が終わったあとに」といった具体的な要素を盛り込みましょう。そして、子どもたちに対して以下のような質問を投げかけてみてください。

・先生はこう考えるけど、みんなの意見は違うかな？

・みんなでこれからどう改善していくかを話し合いましょう

・みんななら、この状況をどう考えるかな？

　こうすることで、子どもたちに「先生は見逃さない」「何かあれば確認してくれるんだな」という意識を育むことができます。

　この３日間の「確認」は、担任のスタンスを示す大切な機会です。ルールを守ることの重要性や、自分勝手な考え方は通用しないことを子どもたちに理解してもらうという、裏のねらいもあります。

　最初の３日間は、慌ただしさと共にあっという間に進みます。そんな中で、優先順位が落ちてしまうような小さな「確認」ですが、実は学級経営においては重要なポイントと言えます。

　大きな目的を見据えながら即時確認。その心がまえで進めていきましょう。

チェックリスト

□ １年後の目的を見据えていますか

□ 子どもたちの声に耳を傾けていますか

□ 授業の中でその都度確認していますか

□ 朝の会や帰りの会で時間を取って確認していますか

GWまでの学級経営の進め方

「心配」と書いて「心配り」と読みます。

4月は心配事が尽きません。「授業の進め方はこれでいいのだろうか」「生徒指導の対応は適切だろうか」「係活動は上手く機能しているだろうか」と不安なまま過ぎ去っていくと思います。

しかし、子どもたちも同じように不安です。心配なのは教師だけではありません。そこで、最初の1ヶ月は「心配り」を念頭に置き、学級経営に取り組みましょう。

ポイント 1 「いつもありがとう！」を口ぐせにする

学級担任として、子どもたちに助けられることは数多くあります。明るくあいさつする子、係活動に熱心な子、当番活動を真摯に行う子、気を配りゴミをよく拾ってくれる子、整頓を大切にする子など、心温まる瞬間に出会うことができます。

これらを当然のこととして受け取るのではなく、感謝の気持ちを忘れずに過ごしましょう。

学級経営において、「問題が起きないように」とか「何も問題なく進むように」という考え方が、時に支配的になることがあります。しかし、子どもたちとの日々を大切にし、彼らに感謝の気持ちをもつことが重要です。

そのために、「いつもありがとう」という言葉を口にする習慣を身につけましょう。

ポイント 2 「最近どう？」「楽しいことあった？」と声をかける

日々の忙しさの中で、一人ひとりの子どもに目を向けることが難しくなると

きがあります。みなさんも経験があるかと思いますが、放課後に「今日はあの子と話す時間がなかったな」と感じることもあるでしょう。

　自然に会話が弾む子や、授業中に活発に参加する子とは関わりやすい一方、内向的だったり消極的だったりする子ともコミュニケーションをとることが大切です。

　そのような子たちには、「最近どう？」「楽しいことあった？」とさりげなく声をかけてみましょう。話が続かなくても、子どもたちにとって「先生が気にかけてくれている」という実感が生まれるはずです。

　この地道なコミュニケーションが、学級経営の基盤を築くのです。

ポイント 3 「何か変えたほうがいいかな？」と子どもたちを巻き込む

　4月のはじめに定めた係活動やルールは、実際の生活に適さないこともあります。その点について、子どもたちは敏感に気づいています。

　ですから、システムやルールは日々の経験を踏まえて改良していく姿勢が必要です。

　ここで、子どもたちに「何か不便を感じることはないか？」や「どんな変化があったらいいと思う？」といった質問を投げかけてみましょう。安易に「大丈夫だろう」と思わずに、子どもたちの意見を尊重し、学級経営に参画してもらうことが大切です。

　子どもたちが自分の意見を出し、考えを尊重される時間を定期的に設定することが、持続的な学級経営の鍵です。

チェックリスト

□ 子どもたちへの感謝の意を忘れず、「ありがとう」という言葉を頻繁に使っていますか

□ 内向的な生徒ともコミュニケーションをとる努力をしていますか

□ 子どもたちの意見や困りごとに耳を傾け、学級の仕組みを改善しようと努めていますか

□ 学級経営の目的を意識して、感謝とコミュニケーションを大切に最初の1ヶ月を過ごしていますか

GW明けから7月までの学級経営の進め方

「焦らず、弛まず、怠らず」

　これは私たちが常に心に刻んでおきたい言葉です。変に「焦る」必要はありません。ゆっくりと、丁寧に過ごしていきましょう。大丈夫です。

　しかし、5月末には運動会が控えている学校も多いことでしょう。現実的にはGWが明けると運動会の準備モードに突入します。

　そのあとも、校外学習や宿泊学習、修学旅行など、連続してイベントが続くことになるかもしれません。

　同時に、終わらない教科書やドリル、テストの山に立ち向かわなければならない状況も生まれるでしょう。教師としては、「焦り」という感情に取りつかれることもあります。

　こうした状況の中では、何かと急ぎ足になりがちで、子どもたちが理解できていないまま授業を進めてしまうことがあるかもしれません。

　その結果、子どもたちとの距離が少しずつ遠くなってしまうこともあるでしょう。先生だけが進んでいる状態です。

　そんな1学期後半の学級経営で大切な意識は「フィードバック」です。

　これは言いかえれば、「成長を確認する」という意味もあります。

ポイント❶ 「4月と比べてここが成長している」と伝える

　子どもたちのがんばりや変容した姿を積極的に伝えていきましょう。

　例えば朝の会で、がんばっていることや、よかったことを3つ話したり。帰りの会で3人分ほめたりすると、教室の雰囲気が温かくなるかもしれません。

　また、授業の最後によかったことを1つ共有するだけで、1日に6時間分のほめ言葉を送ることができます。

　大きなことをしようと焦らず、毎日毎時間、少しずつフィードバックを続け

ていくことが大切です。

　特に、GW明けから6月の倦怠期にはフィードバックを欠かさず続けましょう。

ポイント 2 成長を「可視化」して示す

　多くの子どもたちは、心の奥では注目が欲しいと望んでいます。カメラを向けると自然に笑顔になる子がいるかもしれません。

　こうしたプラスの視点を活かして、子どもたちの成長をテレビや掲示板で共有してみましょう。きっと、子どもたちは自分の成長を実感することができます。

　さらに、先生が見守ってくれているという温かい感情も覚え、学級の安定感を高めることができます。

　即時フィードバックとは別に、「確かにあった過去＝写真」で成長を示すことは、子どもたち同士の刺激を促すことにも役立ちます。

ポイント 3 「自分の言葉」で成長を確認する

　子どもたちには、定期的に作文を書いてもらいましょう。

　例えば、運動会前後や校外学習後に作文を書くことで、成長をふり返る機会を提供できます。

　また、1学期の中間や学期末にも作文を書かせると効果があります。

　テーマは「○○で成長したこと」としてみましょう。ただ「感想」や「思い出」を書かせるのではなく、具体的な成長点にスポットを当てるようにします。

　子どもたち自身の言葉でふり返ることは、成長の重要なポイントです。それは同時に、子どもたちの作文から元気をもらい、教師自身を落ち着かせることにもつながるはずです。

チェックリスト

☐ ほめ言葉を毎日欠かさずに送り続けていますか

☐ 写真を使って成長の事実を示していますか

☐ 作文を書かせて成長の実感を伴わせていますか

あいさつ指導

　あなたの頭の中でパッと思い浮かぶあいさつには、何がありますか？
・おはようございます
・こんにちは
・さようなら
・お願いします
・ありがとうございました
　他にもあいさつはあるかと思います。今回取り上げたあいさつは、私が思う「学校生活でよく口にするあいさつ」です。

　次の質問です。
　あいさつできる人（子）に、あなたはどんな印象をもちますか？
・礼儀正しい
・明るく生き生きしている
・誠実
　きっと悪い印象をもつことは少ないと思います。あいさつができて損はありません。

　今は落ち着いてきましたが、ここ数年のコロナ禍の生活で、子どもたちのコミュニケーション能力が不足していることは否めません。今年度、私は4年生の担任をしています。この学年の子たちは、入学してすぐ休校になり、友だちとの対話的な学びが制限されてきた学年です。そのため、自分が伝えたいことを言語化できず、「バカ」「しね」などの乱暴な言語に置き換えてしまい、トラブルにつながることがありました。
　"あいさつは　なかよくなれる　おまじない"
　私の勤務校のスローガンです。人とつながり、関わり、仲よくなるには、あいさつが欠かせません。

　あいさつできる子・クラスに育てていくために、どんな指導をしていくのか。第４章　学級経営マインド＆スキル編の、「時間意識をどう育てるか」の内容とリンクするところもありますので、併せてそちらもご覧ください。

ステップ 1 あいさつすることの意味を自分なりに考え、整理する

「あいさつできるようにしましょう」

　このような言葉をよく聞きますが、なぜ、あいさつすることが大事なのでしょうか？　「なんとなく大事だから」と、ふわっとした状態だと、子どもにあいさつの大切さを伝える上で不十分です。まずは、先生自身があいさつすることの意味を考え、整理してみましょう。

　私は、あいさつには「相手とつながり、親しくなる」という意味があると考えます。

　あいさつを交わすことで、相手との関わりがはじめて生まれます。初対面の人に、あいさつなしにいきなり「明日、予定空いている？」と聞けば、不信感を抱かれるかもしれません。多くの人と親しくなるには、あいさつは欠かせません。最初は、ざっくりとした理由でもかまいません。自分があいさつされたときの気持ちなどを言語化してみるのもよいでしょう。

　自治体にもよりますが、新年度、子どもと初めて出会うのは着任式後の教室です。教室に入るときに、元気よく明るい声で「おはようございます」とあいさつすれば、子どもからも「おはようございます」と返ってきます。このとき抱いた印象を忘れないで覚えておきましょう。

　新年度初日は、教科書やプリントなど配布物が大量にあるので、簡単な自己紹介でOKです。名前や特技の他に、あいさつしたときの印象も伝えられるとよいです。

　子どもに語るときのポイントは次の3つになります。

ポイント

・はじめは子どもに質問しながら
・抽象的ではなく具体的に
・先生も進んであいさつすることを宣言する

　このポイントを押さえて語った例が以下のようになります。
（T：先生　　C：子どもたち）

T「先生がこの教室に入ってきたとき、とてもうれしい気持ちになりました。
　なんでだと思いますか？」
C「あいさつしていたから」「あいさつの声が大きかったから」
T「そうですね。あなたたちの元気なあいさつを聞いて先生はうれしくなりました。ぜひ、これからあいさつできる子・あいさつできるクラスにしていきましょう」
T「さて、あいさつすることが大事だと思う人は、手を挙げてください」
　（子どもたちが挙手する）
T「多くの子の手が挙がりましたね。では、なぜ、あいさつすることが大事なのでしょうか？」
C「友だちや先生と仲よくなれるから」「自分の気持ちを伝えられるから」
T「どれもすてきな考えですね。あいさつには、いろんな意味があります」

T「先生にも考えがあります。あいさつには、相手とつながり、親しくなると
　いう意味があると思っています」

T「例えば、朝、登校して、クラスの友だちや先生に『おはようございます！』
　とあいさつします。あいさつした相手と関わりが生まれ、自分も相手も元気
　をもらえます」

T「他にも、あいさつには、感謝の気持ちを伝える「ありがとう！」もありま
　す。あいさつあふれるクラスは、みんなのつながりが強くなり、雰囲気がよ
　いクラスになります。ぜひ、あいさつがあふれるクラスにしていきましょう」

　そして、先生も進んであいさつすることを宣言し、子どもに見本となる姿を
見せましょう。目を合わせ、「○○さん、おはよう！」と、あいさつ以外に名
前など何か一言つけ加えられるとよいです。

ステップ 3 何度もふり返る

　あいさつについて気になったら、その都度ふり返りをしていきます。登校
後、朝の会・帰りの会、授業の号令など、まずは、クラスの友だちや担任への
あいさつができるようにしていきましょう。何度もふり返ることで、あいさつ
することを習慣にしていきます。そして、担任以外の先生や保護者にもあいさ
つできているか注目します。これをできている子がいたらおおいにほめ、他の
子にも広げていきましょう。

　ふり返るときは、よくなかったところ以上に、よかったところを取り上げま
す。「先生は、Ａさんのあいさつがとってもすてきだと思いました。なんでだ
と思う？」と子どもに問いかけてもよいですね。

チェックリスト
□ あいさつすることの意味について自分の考えをもっていますか
□ 子ども以上に先生が進んであいさつしていますか
□ 子どものよい姿を価値づけてクラス内に広げていますか

係活動

　係活動を次の2つの種類に分けています。1つ目は「学級生活において、ないと困る係」です。黒板係や配り係などがそうです。もう1つは「なくても困らないけど、あるとみんなが楽しめる係」です。飼育係やお笑い係がそうです。

　今回はこの2つの係について紹介していきます。まずは、学級生活において、ないと困る係からです。

ステップ 1 学級生活において、ないと困る係

　係活動を一覧表にして子どもに渡します（下記の表を参照）。担当者は、基本的には1人1役になるようにしています。例えば、窓係Aさん、朝のあいさつ係Bさんという感じです（係によっては、1人ではなく複数の子がやる係もあります）。

係	仕事内容	担当者
窓	朝、教室に入ったら窓をあける	Aさん
朝のあいさつ	朝の会で、気持ちのよい朝のあいさつをする	Bさん
配り①	朝の会が始まるまでに、配り物BOXに入っているプリント等を配る	Cさん
配り②	朝の会が始まるまでに、配り物BOXに入っているプリント等を配る	Dさん
連絡	昼休みまでに、休んだ子の連絡帳を近くの家の子に渡す	Eさん
はいぜん台①	給食時間にはいぜん台を出す	Fさん
はいぜん台②	給食時間にはいぜん台を出す	Gさん
日めくり	帰るとき 明日の日にちを 黒板に書く	Hさん

どんな係が必要かは、教室での1日の流れをイメージするとわかりやすいです。「朝教室に入ったら、窓を開けなきゃいけないな。だったら窓係があるといいな」などと考えていきます。

　また、仕事内容を書く際は、「いつ」やるのかを明確にしておきます。窓係だったら、「朝教室に入って」と明記しておきます。配り係だったら「朝の会が終わるまでに」と「いつまでにやればいいか」を明記しておきます（プリント等は子どもが学校に来る前に教師の方で配り物BOXに入れておきます）。

　では、なぜ1人1役にするのでしょうか？　これは、一人ひとりのがんばりを価値づけるためです。窓係をがんばっているAさん、朝のあいさつを一生懸命やってくれているBさんなど、1人1役であればだれがどんな仕事をするのかが明確なので、がんばりを価値づけしやすくなります。

　ただ、「がんばりを価値づける」というのは、なかなか難しいものです　20代の頃の私は下記のように、ネームプレートを使って当番が終わった人、まだの人をチェックする方法をとっていました。
　当番が終わった人のネームプレートと、当番が終わっていない人のネームプレートではどちらに目がいくでしょうか？

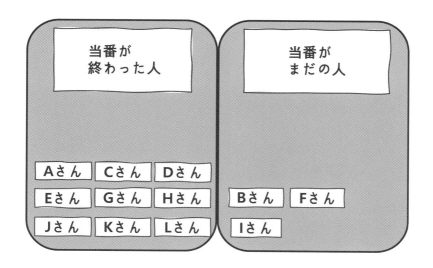

私は「当番がまだ終わっていない人」にどうしても目がいってしまいました。
　大抵、係をやっていない子は同じ子が多いです。「Aくん！！　今まで何をやってたんだ！！　はやく係活動しなさい！！」と同じ子を毎日叱るという悪循環に陥っていました。

　だから、私はこのチェック方法をやめました。「係活動のがんばりを価値づける」ために、ネームプレートでのチェックは、合わないと考えたからです。では、どうしたか。次の3つのことをしました。

ポイント　チェックをやめる

　チェックをするから、やっていない子が目につく。だったら、チェックしなければよいだけです。

ポイント　他の子にお願いする

　もし、係を全然やらない子がいたら、他の子にお願いすればいいだけです。もしくは、教師がやればいいのです。係の仕事は、教師の仕事を子どもにお願いしてやってもらっているに過ぎないのです。

ポイント　帰りの会で価値づける

　そして、係の仕事を代わりにやってくれた子がいたら、帰りの会で価値づけます。

　「Bさんは係の仕事じゃないのに、ノートを配ってくれました。先生とっても助かりました。進んで仕事ができるBさんは、大人になってからもきっと信頼される人になりますね」

　こんなふうに、帰りの会で価値づけます。すると、クラスの子がどんどんと手伝ってくれるようになります。

ステップ 2 なくても困らないけど、あるとみんなが楽しめる係

　さて、次は「なくても困らないけど、あるとみんなが楽しめる係」についてです。大切にしたいポイントは次の2つです。

ポイント ネーミングを工夫する

　例えば、飼育係だったら子育てサークル。お笑い係だったら、Ｍ−１サークルなどとします。係名を少し工夫するだけで、何だかやる気になるものです。おススメは、係と呼ばずにサークルと呼ぶことです。これだけで、何だか楽しい雰囲気になります。

ポイント 「所時物」を確保する

　「所時物」の確保とは場所・時間・物の確保のことです。では、この中で一番確保しにくいものは何でしょうか？　これは、間違いなく時間です。「なくても困らないけど、あるとみんなが楽しめる係」が盛り上がるかどうかは、いかに時間を確保するかにかかっています。それでは、いつやればよいでしょうか？

　基本は休み時間です。理想は週１回、定期的な時間の確保です。しかし、これはなかなか難しいことです。私はどうしたかというと、学期ごとのお楽しみ会で時間をとってやりました。「お楽しみ会」を「係活動の発表の場」としました。発表の場があると、教師はがんばっている子をたくさん価値づけることができます。

　最後に、ステップ１・ステップ２のどちらの係でも大切なのは、「一人ひとりのがんばりを価値づける」ことです。キラリと光るがんばりを教師は見逃さないようにしたいです。

チェックリスト

□ 「ないと困る係」はチェックをやめ手伝ってくれた子を価値づけていますか

□ お楽しみ会で「あるとみんなが楽しめる係」の発表の場をつくっていますか

□ 一人ひとりのキラリと光るがんばりをあなたは価値づけていますか

【参考文献：向山洋一著『学級を維持する法則』明治図書、1991】

子どもが安心できる給食指導

　給食時間はほぼ毎日あります。給食指導は、国語や算数と同じように毎日必ず行う教育活動なのです。正しい手洗い、配膳方法、食器の並べ方、箸の使い方、食事のマナーなどを体得する重要な指導時間となっています。毎日ある教育活動だからこそ、考え方を変えると集団づくりの場でもあると思います。給食当番の着替え、待ち方、あいさつの仕方、片づけの仕方等、みんなのために働く心や感謝の心を育む場の１つとして考えています。

　給食の時間、最も大切なことは楽しく食事をすることです。その中で、望ましい食習慣の形成を図るとともに、よりよい人間関係の形成を図ります。
　楽しく食事をするために私が大切だと思うポイントをここでは紹介します。

ポイント 1 子どもの安全を第一に考える

　給食を食べるということは、「命に関わる可能性もある」という危機意識をもちましょう。クラスには、食物アレルギーを抱えている子どもや、のどに食べ物をつまらせやすい体質の子どもがいる場合があります。子ども一人ひとりの健康状態を確認し、一人ひとりに合わせた給食指導を行うことが大切です。

　特に、クラスにアレルギーを抱えている子どもがいる場合は、周りの子どもたちの理解も必要です。事前にきちんと指導することが必要です。その際、公益財団法人日本学校保健会が出している『たまごのたまちゃんのしらなかったこと』という資料が指導に役立ちます。ぜひ参考にしてください。

（参照：『たまごのたまちゃんのしらなかったこと（しょくもつアレルギー）』
｜その他｜学校保健会発行物｜学校保健ポータルサイト gakkohoken.jp）

　その他、異物混入の際には管理職へすぐ報告することが必要になります。ま
た、嘔吐処理の仕方等、学校でルールが決まっていると思います。給食が始ま
るまでに必ず確認しましょう。

ポイント 2 食べる量は自分で決めさせる

　食べ物を残さないことは大切なことです。しかし、小食の子どももいます
し、その日の体調によって食欲も変わります。給食を完食することを目標にす
ると、それが大きなプレッシャーとなり、給食の時間がしんどくなる子どもも
います。さらには、大きなトラウマを生む可能性もあります。

　私は、配膳後「いただきます」をする前に「減らしたい子はもっておいで」
と声をかけ、子どもたちが自分で食べる量を決めるようにしています。
　そして、自分で決めた量はがんばるように声をかけています。それでも時間
内に食べられなかった場合は「次はがんばろうね」と声をかけ、残させています。

おかわりのルールに関してもクラスできちんと決めることが必要です。子どもに任せるとおかわりの機会が不平等になったり、早いもの勝ちになって食べ物をのどに詰まらせたりする恐れがあります。食べ過ぎて、調子を崩す場合もあります。食べる量は子どもたちに決めてもらいますが、主導権は教師が握り、コントロールしてあげることも大切なことです。

　子どもたちにとって給食の時間はとても楽しみな時間です。おかわりを心から楽しみにしている子もいます。おかわりのルールがその都度変わると、教師に対して不信感を生むことにもつながってしまいます。ルールは全員の前できちんと共通理解するようにしましょう。

ポイント 3 　絵本を活用する

「自分で食べる量を決めてもいいよ」とはいえ、やはり好ききらいをしないように指導することは大切です。栄養バランスの大切さや食事のマナー、感謝の気持ちなどを子どもたちと一緒に考えるには"絵本の活用"がおススメです。

・『給食番長』
　　作：よしながこうたく
　　好学社、2014

　　この絵本を読んだあとは、自然と
　　「いただきます！」「ごちそうさまでした！」
　　の声が大きくなりました。

・『しんでくれた』
　　詩：谷川俊太郎
　　絵：塚本やすし
　　佼成出版社、2014

　　私はこの絵本を通して「命をいただく」ことの
　　意味を子どもたちと考えました。

・『いのちをいただく:みいちゃんがお肉になる日』
　原案：坂本義喜
　作：内田美智子
　絵：魚戸おさむとゆかいななかまたち
　講談社、2013

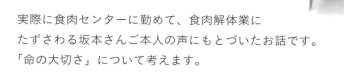

　実際に食肉センターに勤めて、食肉解体業に
　たずさわる坂本さんご本人の声にもとづいたお話です。
　「命の大切さ」について考えます。

・『しらすどん』
　作・絵：最勝寺朋子
　岩崎書店、2021

　なんとも不思議。でも、命を感じる絵本なのです。
　子どもたちは「最後の最後まできれいに食べたく
　なる！」と言っていました。

・『やきそばばんばん』
　作・装丁：はらぺこめがね
　あかね書房、2016

　とにかく盛り上がります。読み終わるとみんな
　「おなかすいたー！」と叫びます。

ポイント 4 給食当番の仕事の明確化

　給食当番はだれもが経験する当番活動です。給食当番の活動を通して、「人のために働くこと」の楽しさや、やりがいを経験してもらいたいです。そのためには、スモールステップで成功体験を積み重ねることが大切です。私が意識しているちょっとしたコツを紹介します。

①給食当番の身支度の順序を、みんなで確認する

　教師が一方的に提示するのではなく、子どもたちと一緒にフローチャート等で整理しながら確認することがおススメです。

②給食当番の役割は事前に決めておく

　1年間を通してすべての役割を経験できるように計画するようにします。発達段階に合わせて、イラストや写真を使って視覚的にわかりやすいように準備をすることも大切です。

　体の大きさに合わせて、エプロンの番号を固定することも必要です。

③時間を意識

　子どもたちが見通しをもって準備できるように、目標時間を提示したり、タイマーを活用したりして時間を意識できるようにすると、準備が早くなります。

　給食当番が活動している間、待ち時間ができます。この時間は休み時間では

ないことをきちんと確認し、待つときのルールを決めることが必要です。方法の1つとして、読書をしたり、動画を視聴したりする方法があります。ルールを子どもたちといっしょに考えることで、より守ろうという意識が高まります。

④配膳の基本の量は、最初に教師が示す

　大きな食缶に入った給食を、みんなに均等に配れるようその場で瞬時に判断することはとても難しいことです。基本の量を示すことで子どもたちは安心して配膳できます。

ポイント **5** 先生が美味しそうに、楽しく食べる！

　やはり一番大切なポイントは、先生が美味しそうに、楽しく食べることだと思います。先生が「おいしいね！」と笑顔で食べていたら、子どもたちもつられて「おいしい！」と笑顔で応えてくれるでしょう。また、苦手だなと思っている子も「食べてみようかな……」という気持ちになると思います。

　宿題の丸つけや授業の準備等、やることに追われてしまうこともあるでしょう。しかし、給食時間は子どもたちと同じ体験・時間を共有できる貴重な"食指導"の時間です。ぜひ、子どもたちと一緒に給食を楽しんでくださいね。

　そして、給食の食材やメニューは生きた教材です。食料の生産・流通・消費などを学ぶことができます。また、地域の伝統的な食文化などにもふれることができます。ただし、教師が何もしなかったら子どもたちは気づくことはできません。子どもたちが食べているときや給食後に少しふれて話をするだけで、生きた教材となり、子どもたちの学びにつながるのです。ぜひ、たくさんお話してみてくださいね。

チェックリスト

- □ 食物アレルギーを抱えている子どもや、のどに食べ物をつまらせやすい体の子どもを確認しましたか
- □ 異物混入や嘔吐処理等、学校のルールを確認しましたか
- □ 減らすときのルールやおかわりのルールは決めましたか
- □ 先生が美味しく、楽しく、食べられていますか

清掃指導

「○○くん、しっかり雑巾を持って！」
「ここの掃除場所の担当はだれですか？」

　こういった言葉を清掃の時間によく耳にしますし、自分もつい口にしてしまいます。
　清掃指導は、現行の小学校学習指導要領の特別活動編にも明記されています。そのため、掃除という時間を絶好の学習の場と捉えていくことも大切です。
　学級にとって価値のある清掃指導にしていくためのポイントを紹介します。

ポイント 1 掃除の大切さの共有

　私は４月の時点から、掃除の大切さを子どもに伝えてスタートします。
　おススメは、自分たちの過ごす教室環境の現状をもとに、話すことです。

　例として以下のような声かけが考えられます。
「あのように黒板がきれいだと、気持ちよく勉強に集中できますよね」

「ゴミが落ちています。そのままだと、とーっても危険です。なぜでしょう？（子どもへ問いかけ）それは、みんなの健康に関わったり、なくしものが増えたりすることにつながるからです」

他にも、「ディズニーランドのカストーディアル」や「イエローハットの鍵山社長」、「割れ窓理論」等の有名エピソードをもとに話すこともおススメです。

ポイント **2** 掃除分担の明確化

掃除分担を「どこで、だれが、何をするのか」という視点で分けます。

場しょ	たんとう			そうじ内よう		
教しつ	Aさん	Eさん	Iさん	まど	ゆかふき	ゆかふき
	Lさん	Bさん	Qさん	はき	たな	つくえ
校てい	Hさん	Cさん	Pさん	ごみひろい	はき	はき
音楽しつ	Dさん	Gさん	Jさん	まど	ゆかふき	ゆかふき
	Mさん	Oさん	Rさん	はき	整理	つくえ
ろうか	Nさん	Fさん	Kさん	まど	ふき	はき

教室掃除なら、「窓はAさんがふき」「前側の棚はBさんがふきと整頓」

このように明確にすることで、「Bさん、今日も棚がきれいになっていてうれしいよ！」と的確にほめることができます。

学年により、分担場所が終了したら何をするのかまで話し合ってもよいです。

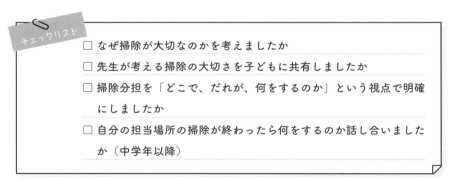

チェックリスト
- □ なぜ掃除が大切なのかを考えましたか
- □ 先生が考える掃除の大切さを子どもに共有しましたか
- □ 掃除分担を「どこで、だれが、何をするのか」という視点で明確にしましたか
- □ 自分の担当場所の掃除が終わったら何をするのか話し合いましたか（中学年以降）

教室掲示

学級経営と教室環境は切っても切れない関係です。

その中でも、今回は教室掲示についてご紹介します。

荒れない学級の教室掲示には、以下のポイントがあると考えています。

ポイント 1 学習面の配慮の配慮がされているか

教室前方（特に黒板周辺）はすっきりさせた方がよいです。

掲示物には子どもの視線の注目を集めてしまうという効果ももっています。

その結果、支援を必要とする子どもが授業に集中できない原因になります。

どんなによい掲示物でも、子どもの学習の妨げとなっては意味がありません。

その一方で、教室の横側や後ろに学習の足跡を掲示するのはおススメです。

計算の公式や調べ学習の過程等、掲示しておくことで記憶の定着や授業時のふり返りに活用することができます。

ポイント **2** 子どもと一緒に考えているか

　先生が教室の掲示内容や掲示場所をすべて決めていませんか。
　それだと、子どもにとって教室掲示が他人事になってしまいます。

　教室における主役は子どもたちです。
「これまでの経験で思い出に残っている掲示物はありますか？」
「今の教室を見てみます。さらにどんな掲示物があったらいいかな？」
　こういったように子どもに問いかけながら一緒につくってみてください。
　そのためには、事前に先生が「どんな掲示物案が出てくるかの想定」や「必要な資料」などの準備をしておくとよいでしょう。

ポイント **3** 子どものがんばりを認めているか

　例えば、給食や掃除の当番表は何のために掲示していますか。
　ぜひ、子どもたちのがんばりを認めるためにも活用していただきたいです。

　様々なことが起こる学校では、当たり前のことが流されてしまいがちです。
そんなとき、当番表があれば「がんばっている人」が一目でわかります。
「○○さん、みんなのためにありがとう。とても助かっているよ」
「黒板を掃除したのは△△さんか。あなたのおかげで授業に集中できるよ」
　このように名前を呼び、具体的にほめることができます。

ポイント **4** 常に変化しているか

　１年中、教室掲示の内容や場所が変わっていないと子どもたちに慣れが見え、それがだらけへとつながります。

　どんなお店でも、１年間の間にポスターの種類や掲示場所は変化しています。

　教師掲示も一緒だと思います。学級の現状や季節に合わせて掲示物は変化させていきましょう。

　教室掲示の変化は、先述したポイント２を達成することが重要です。子どもも教室掲示の当事者になるからこそ、能動的に思考します。

　私は学期ごとに、子どもと一緒に教室掲示を見直す時間を設けています。

「○ヶ月経ちました。掲示物の中で、困ったことはありましたか」

「△学期から、さらにこんなことをしてみたい！　ということはありますか」

　このような話し合いをもとに、教室掲示をアップデートしていきます。

　また、掲示物に対し先生がフィードバックをするとより掲示物が活きてきます。学級目標を見て、クラスの様子を話したり、子どもたちが作成した掲示物を見て価値づけたり、学習したことを振り返り復習したりと、子どもたちの"今"とつなげていきます。毎月の終わりでもかまいません。

ここまでいくつかのポイントを紹介してきました。

　しかし、どんなに先生が工夫しても学校のルールや学年の先生の考えに背いては意味がありません。

　事前に「こんなふうに教室掲示を考えています」と伝えたり、「どんな教室掲示を考えていますか」と聞いたりすることが大切です。自分勝手な掲示になっていないか確認してみてください。

　学生なら教育実習時、現職なら校内巡回時がチャンスです。

　様々な学級の掲示物を見て、どんな工夫か学ばせていただくとよいです。

チェックリスト

☐ 学習面の配慮がされた教室掲示になっていますか

☐ 子どもと一緒に考えた教室掲示になっていますか

☐ その教室掲示は子どもをほめることにつながっていますか

☐ ４月から教室掲示の内容や掲示場所は変化していますか

☐ 掲示物に対し、何らかのフィードバックをしていますか

☐ 自分勝手な教室掲示になっていませんか

休み時間の指導

休み時間を学級経営につなげる7つのポイントを紹介します。

ポイント 1 子どもと一緒に遊ぶ

これを達成しているだけで学級経営にとってプラスの効果があります。私も、授業参観の日であっても子どもと一緒に遊ぶように心がけています。

まずは週に数日でもかまいません。子どもと一緒に遊んでみてください。

ポイント 2 子ども全員と一緒に遊ぶ

休み時間＝普段見せない子どもの姿を知るチャンスでもあります。

だからこそ、「昨日は校庭で遊んだから、今日は教室にいる子と遊ぼう」と、クラス全員と遊ぶことが重要です。

ポイント 3 子どもと子どもをつなぐ

「わたしも入れてー！」「ぼくも入れてー！」

不思議なことに先生が遊びに入るだけで、この言葉が普段よりも増えます。

普段遊ばない子ども同士が一緒に遊ぶなんてことが起こります。

遊びを通して、学級の子どもの輪を広げられるかは先生の工夫次第です。

ポイント 4 トラブルの未然防止

休み時間にケンカをして教室に戻ってくるということがあります。原因の多くが「ルールの誤解」や「ズルをした」といったようなことです。これも先生が子どもと一緒に遊んでいれば未然に防げたかもしれません。

ポイント 5 遊びのルールの確認

　4月に学校の過ごし方を確認する際、遊びについてもふれるようにします。

　年度当初に話しておくことで、その1年間は同じ視点で子どもに話せます。高学年でも、休み時間の時間や場所、遊びの内容を確認します。また、友だちの誘い方や、いろんな人と遊ぶとよいことを伝えるときもあります。

ポイント 6 子どもの実態把握

　次のことに、クラス全員分答えることができますか。

「普段、休み時間はどこでだれと何をして遊んでいるか」

　子ども理解はよりよい学級経営の必要要素だと考えます。子どもと遊びながら一人ひとりのことを知るようにしていくとよいです。

ポイント 7 遊びの提供

「こんな遊びあるよ」と先生が新たな遊びを提案することもありです。

　遊ぶ内容の変化は、ポイントの1や3にも通じる点があります。

　今の時代、インターネットで検索すれば様々な遊びが見つかります。私のおススメは「子供の遊びポータルサイト　ミックスじゅーちゅ」(http://45mix.net) というサイトです。外遊びだけでなく室内遊びもたくさん紹介されている凄いサイトです。

　また、雨の日用にけん玉やコマ、ボードゲーム等を備えることも大切です。

（※自治体によっては、休み時間が職員の休憩時間として厳密に定められているところもあります）

まとめ

　休み時間は、「先生と子ども」と「子どもと子ども」という2つの距離を縮める絶好の時間です。ポイント7を意識すればよりよい学級経営につなげられます。

日常的なトラブル対応①
～未然防止（予防）編～

　生徒指導提要の観点から、子どもたちの日常的なトラブルへの対応を、「未然防止（予防）」「初期対応」「事後対応」の３つに分類しました。

　ここでは「未然防止（予防）」について書きます。

　予防というのは、例えば「いじめが起きないように、道徳でいじめについて学ぶ」などといった、「〜のために〜をする」のような意図的に行う「先験的予防」と、日頃の教育を充実させることで結果的に予防となる「教育的予防」があります。

ステップ 1 先験的予防（意図的な予防）

・叱る基準を伝える

　４月にこれを語られる先生も多いのではないでしょうか。どのようなことが起きたら先生は叱るのかという基準を示すことで、子どもが考えて行動できるようにします。

　ちなみに、私がいつも伝えているのは以下の３つです。それ以外はなるべく叱ることなく、笑顔で関わっていきたいと思っています。

　　・命に関わるようなことをしたとき
　　・いじめ、暴力、悪口など人を傷つけたとき
　　・人の成長を邪魔するとき

・いじめアンケートを活用する

　どこの学校でも行われているであろう「いじめアンケート」です。それをもとに子どもたちと話します。ここで大事なのは"全員"と話すことです。

　アンケートで特に問題ない子でも、「何か気になっていることはない？」など、たった１、２分だけでも話す機会をつくります。そうすることでアンケー

トでは見えてこない子どもたちの姿が、浮き彫りになってくることもあります。

・絵本をつかった道徳授業

ルールやマナーについては『おやくそくえほん：はじめての「よのなかルールブック」』（高濱正伸監修、林ユミ絵、日本図書センター、2020）を用いています。「ああしなさい、こうしなさい」と言うより、絵本を用いることでスッと子どもたちに伝わっていきます。大人でもうんうんとうなずける内容が多くあります。

いじめ予防に関する内容として、『わたしのせいじゃない―せきにんについて―』（レイフ・クリスチャンソン文、にもんじまさあき訳、ディック・ステンベリ絵、岩崎書店、1996）『わたしのいもうと』（松谷みよ子文、味戸ケイコ絵、偕成社、1987）を用いました。加害者、被害者だけでなく、傍観者の視点をもつことで、より自分ごととして考えていくことができます。

ステップ 2 教育的予防（結果的な予防）

キーワードは「心理的安全性」と「自己有用感」です。

心理的安全性とは、組織や集団の中で自分の考えや気持ちをだれに対しても安心して発言できる状態のことです。

自己有用感とは、人の役に立っている、人から認められている、という他者からの評価が中心となった感情のことです。

他者に認められていることを自覚し、安心安全な環境をつくることで、意欲的に学び、他者を攻撃する可能性が低くなるということです。その結果、問題行動の予防につながるということです。

日々の教育活動に子どもの自己有用感を育む視点を考えていきましょう。

・子どもたちが意欲的に取り組む授業づくり

　　・子どもが授業を理解しやすくなるような工夫をする
　　・子ども同士の話し合い活動を積極的に取り入れる
　　・子どもが発言しやすい雰囲気
　　・発表する機会を積極的に取り入れる

　ごくごく当たり前のことと思う方もいるかもしれませんが、意識しないと案外難しいものです。
　自己有用感は、子どもが主体的に活動する中で、自ら獲得するものです。教師にできることは、そのための場や機会をつくることなのです。授業を工夫することで、それぞれが考えをもち、話し合って共有し、一人ひとりの子どもが学習の活動に居場所ができるように導きます。
　我々、教師に求められる力は「教える」から、子どもたちを「つなぐ」ほうへ変化しているかもしれません。

・子どもたちが安心して学びに向かえる学級づくり
　例えば、先述のように、授業での発表機会を増やしたとしましょう。それだけでは、自己有用感を高めることはできません。緊張した中で発表する姿を周りが見守り、そして拍手で応える。そうしてはじめて、人は自信をつけること

ができます。

「人から認められる」ということは、「人を認める子（聞く子）」を育てるということです。

では、「人を認める子」を育てる手段としてどのようなものが思いつきますか？　私が思いついたものをいくつか列挙します。

- ・学級通信
- ・黒板メッセージ
- ・語り
- ・拍手の練習
- ・自己決定の機会
- ・ほめ言葉

- ・日記
- ・一筆箋
- ・あいさつ活動
- ・聞き方の練習
- ・学級会
- ・友だちや教師からのフィードバック

- ・メッセージカード
- ・コミュニケーションゲーム
- ・休み時間に遊ぶ
- ・対話
- ・クラス会議

ポイント　トラブル予防の第一歩

「廊下では走ってはいけません」「人の話はしっかり聞きましょう」「友だちをいじめてはいけません」。そのようなことはどの子も知っています。しかし、意味や目的、理由、必要性、メリットはわかっていない場合が多く見受けられます。どのような場で、どのようなものを用いて、どのような言葉を紡げば、子どもたちが自分ごととして環境を意識できるようになるのか、その答えはその都度変わってきます。

　ただ変わらず使える手段があります。それは教師のアイメッセージを伝えることです。

「先生は、～していることがうれしいな！」

　教師の感情とともに働きかけることが、トラブル予防の第一歩だと私は思います。

まとめ

　トラブルの未然防止活動を行うことで、子どもたちは学校で安心して過ごすことができます。その結果、集団での活動や他者との関わりが増え、子どもの社会性や協調性の発達にもつながるでしょう。

日常的なトラブル対応②
〜初期対応編〜

どれだけ丁寧に予防を行っていても、必ずトラブルや問題を起こした子への対応場面はやってきます。その都度、適切に対応することで、一人ひとりが成長し、学級の雰囲気もよくなっていきます。

ステップ 1 スピードある対応

どんなトラブルであっても「すぐに対応」が基本です。特に、いじめ関係のスピード対応は非常に重要です。迅速な対応が被害を最小限に抑えるために不可欠となってきます。

ただトラブルの内容にもよりますが、授業を中断して聞き取りを行うのはやめましょう。

「今は授業の時間だね。あなたたちも含めてクラスのみんなが賢くなるための時間です。けど、この問題についてもとっても心配だから、次の休み時間にしっかりお話聞かせてくれる？」

このように声かけをすることで、授業を中断する必要はありません。さらに、時間を置くことで子どもは冷静さを取り戻すことができます。

どのタイミングでどのような声かけをするのか、判断が大切になってきます。

ステップ 2 教師も子どもも冷静に

子どもに対して怒号をとばす教師もいます。感情的な叱責だけでは子どもは変わりません。教師は冷静に緊張感をもって話をしましょう。

子どもも、泣いていたり、怒りに我を忘れていたり……そのような状態では話は上手く理解できません。いくつかの対応方法を紹介します。

・怒りの対象を視界からなくす

・だれもいない部屋に移動してクールダウン

・笑顔で話す

・相手の気持ちに共感する

・あえて何も言わず落ち着くのを待つ

・水分を取る

・顔を洗う

・ユーモアで返す

・話題を変える

・どれだけ怒っているのか、悲しんでいるのかを１〜10で数値化させる

ステップ 3 複数人で対応

　子どものトラブル対応において、複数人で対応することのよさはいくつかあります。

・異なる視点とアドバイス

　複数の人が関与することで、異なる視点やアドバイスが得られます。それぞれの経験や知識を結集して、より幅広い視野からトラブルの解決策を見つけることができます。

・役割分担

　複数人で対応する際には、各自に適した役割分担ができます。例えば、感情的なサポート、情報収集、解決策の提案など、得意な役割に従って協力することができます。

　ただし、複数人で対応する際にはコミュニケーションや意見調整が必要です。全員が一致したアプローチをとることや、子どもの意向を尊重することが重要です。また、トラブルの性質によっては、プライバシーや子どもの心情に十分配慮することも大切です。

・感情のサポート

　感情というものは、大人であれ多種多様で言語化しにくいものです。特に、

子どもは不明瞭な感情を抱えている場合があり、複数の大人が共にいることで、その感情を理解しやすくなります。

正確な情報収集

・聞き取りの順番への配慮

　トラブル対応においては、一人ひとりに対して聞き取りを行います。そのとき、聞き取りの順番を適切に考慮することが非常に重要です。こうした配慮は、子どもの感情や状況を理解し、問題解決のための情報を収集するのに役立ちます。さらに、一人ひとりに対して聞き取ることで、それぞれの子が見ている異なる角度や思いを理解でき、全体的な情報収集が進み、個別の視点や情報を得ることができます。また、個人のプライバシーを尊重しやすくなります。他の関係している人の前で話すことが難しい内容でも、個別に対話することで子どもが安心感を得て打ち明けやすくなります。

　そうすることで、関係者との信頼関係を築き、効果的な対応を行うことができるでしょう。

・事実と意見を分けてナンバリングしながら記録する

　事実は客観的な出来事や状況であり、意見は主観的な評価や感情です。それぞれを明確に区別し記録することで、トラブルの分析や解決策の検討に客観性が加わります（図）。

　また事実と意見を区別することで、議論や対話がスムーズに進行します。事実にもとづいて議論することで、主観的な意見の飛び交いによる混乱を避けることができます。そして、トラブルの本質的な問題を特定しやすくなり、適切な解決策の検討がしやすくなります。

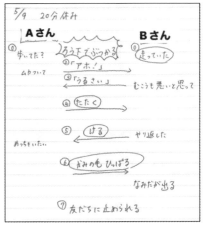

図　聞き取り調査の記録例

　さらに、このように記録しておくことで共有する情報が客観的になるため、他の関係者との情報共有が円滑に行えます。

ステップ 5　問題解決の方向性を決める

　関係者を全員呼んで、ナンバリングした記録をもとに、どうすればよかったのか、どうすれば解決するのかを話し合います。そのときに大事になってくることが声かけになります。

「何でそんなことをしたの？！」と聞く教師は多いと思います。「何で？」と聞かれても、子どもはなかなか上手く話せないものです。問題解決につかえる言葉をいくつか紹介します。

・なにか理由はあるの？
・どうしたかったの？
・どうしてほしかったの？
・自分がしなければよかったと思うことはある？
・それが一番いい方法だったの？
・どうすればよかったと思う？
・原因はどこにあったと思う？
・どうやったら解決できそう？
・次からはどうしたい？

ステップ 6　最終確認「言い残したことはない？」

　言い残しがあると、誤解や誤った情報にもとづいた意思決定が行われる可能性もあります。また問題解決にあたり、最も重要になってくるのが納得感です。納得していないことがあると、問題の再発につながる可能性もあります。言い残しがないか確認することは、原因、そして解決に向かってどのように人が関わりあったのか、信頼関係を再認識し築くための不可欠なステップです。

ステップ 7　管理職への報連相

　管理職への報連相により、トラブルが早期に把握され、適切な対応が行えます。管理職は経験と知識をもっており、適切な指針やアドバイスを提供してもらうことで、問題の拡大を防ぐ助けになります。

相談する際の注意点をまとめます。

①文書に起こす
　口頭で報告するだけでなく、トラブルの内容や経緯、関係者の名前など、集めた情報を簡潔にまとめた資料を渡します。

②公平、中立の立場をとる
　自分自身の思いはいったん置いておき、客観的な視点から事実を伝えます。

③協力、連携
　管理職の意見や指示に対して適切に行動し、進展や結果を報告しましょう。

ステップ 8　保護者への適切な説明

　保護者にトラブルの原因や対応策を説明する理由はいくつかあります。
　まずは安心感を提供することができます。保護者は子どもたちが学校で安全に過ごしていることを知りたいと思っているのため、適切な情報を提供することで不安を軽減します。
　ここでは、「起きてしまった事実」だけでなく、トラブルの解決や再発防止のためにどのような対応策や措置がとられているかを示します。さらに、子どもたちの思いや、今後の展望について話します。また保護者が疑問点や不安をもっている場合、その都度丁寧に回答することも重要です。
　そうして保護者との信頼関係を構築することで、協力して子どもたちの成長を支援することができます。
　トラブルを説明する際は、事実を正確に伝えることや保護者の感情や懸念にも配慮することが大切です。信頼関係を築くためにもオープンで誠実なコミュニケーションを意識しましょう。

ステップ 9　子どもの未来を考える

　トラブルを早期発見・早期対応したからといって安心はできません。この後のページから詳しく述べますが、再発を防ぐための継続的な見守りや行動改善

が見られたときの声かけなど、重要な責務はたくさんあります。子どもたちの
今後を考えた視点をもつことが大切です。

ポイント　トラブルはチャンス

　はじめにも書きましたが、トラブルはあって当たり前です。子どもたちは成
長の過程で様々な困難や問題に直面しますが、それは彼らが学び、発展する機
会でもあります。

　私たちはトラブルをチャンスと捉え、子どもたちが問題解決能力や対人関係
のスキルを身につける手助けをすることが大切です。

まとめ

　　トラブルが起きた際には、子どもたちの環境を安定させるために、
　教師は迅速な事情調査を行う必要があります。放置や無視は、緊張
　や不安を増大させてしまう恐れがあります。また、教師は学校と家
　庭の連携も重視するべきです。

日常的なトラブル対応③
～事後対応編～

　トラブルが解決したあとの事後対応は、トラブルの影響を最小限に抑え、再発を防ぐと同時に、関係者の安心感を確保するために重要となってきます。

ステップ 1 関係者への連絡・報告

　トラブルが解決したことを保護者や関係教職員、管理職に連絡・報告します。解決の結果や今後の展望を説明し、信頼関係を維持します。

　報告したときは、関係者や教職員に、協同で問題を解決したことに対して感謝の気持ちを伝えることを忘れてはいけません。感謝の意を示し、チームワークを強化します。

ステップ 2 教訓や学びを記録、共有

　私はルーズリーフに、問題が起こった概要（前ページのナンバリングの記録など）や、保護者からの相談が書かれた連絡帳のコピーなどを貼りつけて保存します。そうすることで、今後の教育活動に活かすことができます。

　また、トラブルから得られた教訓や学びを関係者と共有します。トラブルの再発や同様の問題を未然に防ぐために、学びを活かし、適切な予防策や改善策を組織全体で考えていくことができます。

ステップ 3 継続的な見守り

　子どもたちが健全に成長し、安心して学び続けるためには、トラブル解決後も継続的なケアとサポートが不可欠です。対人関係の改善が続いているか、新たな問題が発生していないかを確認します。「最近どう？」と、一言確認するだけでも安心感を与えることができます。普段から積極的な関わりを心がけて

いきましょう。

　また、継続的にコミュニケーションを図るのは子どもだけではありません。保護者へもそうです。

　子どものことを一番心配しているのは間違いなく保護者です。そのあとの友人関係や、学習状況、学校でのがんばりや成長などを電話や個人懇談時などに話しましょう。子どもが学校で安定して過ごし、学習に集中できていることを知ることで安心につながります。

　そのときに、保護者の協力や理解に感謝の意を示しましょう。保護者が学校と連携して子どもたちの成長を支えていることに感謝することで、信頼関係をより築くことができます。

ステップ 4 教育に活かしていく

　トラブルの解決と学びを、教育プロセスやカリキュラムに反映させます。関連する授業や語り、活動を通して、子どもたちにトラブル解決や対人関係のスキルを教育します。

・学級や道徳授業で学ぶ

　トラブルの事例を取り上げて、子どもたちと一緒に分析・議論する機会を設けます。その際、トラブルの原因や解決策などを考えることで、問題解決能力や倫理的な判断力を育むことができます。

・朝の会や学級通信で語る

　同様の問題を未然に防ぐための予防策やルールを共有します。教師の思いを伝え、措置を講じることで、安心できる学習環境を整えていきます。

図　学級通信例

・**アクティビティで学ぶ**

　話し合いのルールや受け手としての態度など、コミュニケーションに必要なスキルを具体的に指導し、実践します。「悪い態度のとき」と「よい態度のとき」どちらも行うことで、よい態度というものが意味深いものとなります。

　どの方法においても重要なのが、「個人を特定できるようにしない」ことです。「あの子のことだな」と周りに思われてはいけません。起きたトラブルと同様のニュースや、道徳の教材などを用いて、あくまで違う場所で起きた話を自分ならどうするかと考えられるようにすることが重要です。

ステップ 5 成長を喜ぶ

　トラブルが解決したことをゴールにするのではなく、改善された行動を見て、子どもや教室の成長をゴールと考えます。

　トラブルはだれにでも起こりえることであり、トラブルを解決する経験は、問題解決スキルを養うチャンスと捉えましょう。トラブルが起きることで、他人の気持ちや視点を理解する機会が増えます。子どもたちに、他人の立場や気持ちに共感する大切さを教えましょう。

　トラブルを起こした子にも、トラブルが起きた教室にも、ポジティブな特長を見出します。改善された行動だけでなく、その子の得意なことや長所、教室のアットホームな雰囲気など、ポジティブな側面を見つけたらおおいに喜びましょう。

　ポジティブな見方と捉え方を通して、トラブルを建設的な学びの機会に変えることができます。そうすることで、子どもたちにとって価値ある経験となり、自分らしさと対人関係スキルを育てる助けとなるにちがいありません。

☐ トラブルの概要を関係者に適切に連絡・報告していますか

☐ トラブルの概要や対策などを正確に記録していますか

☐ トラブルを起こした子の次の日の様子は確認しましたか

☐ トラブルを起こした子の１週間後の様子は確認しましたか

☐ トラブルを起こした子の１ヶ月後の様子は確認しましたか

☐ 気になる子だけでなく、目立たない子にも目を向けていますか

☐ 保護者へ、そのあとの子どもの様子を連絡しましたか

☐ 今回のトラブルを学級経営に活かしていますか

☐ それぞれの子どもの成長を喜ぶことができましたか

☐ 学級全体の成長を喜ぶことができましたか

朝の会・帰りの会

　朝の会・帰りの会は毎日行う活動です。よって、教師にとっても子どもにとっても、ストレスなく快適に進められるのが一番です。朝の会・帰りの会を快適に進めるためのポイントを紹介していきます。

ポイント 1 　時間を守って始められる

　各学校で、朝の会・帰りの会が始まる時間は決まっています。この時間を守ることは極めて大切です。少しくらいならと、時間をゆるめてしまうとクラスの規律は乱れていきます。

　叱る必要はありません。例えば、朝の会の時間になれば「朝の会を始めますよ」と、担任が声をかければいいだけです。
　慣れてくると、子どもが開始時刻前に席に着くようになります。その瞬間をしっかり見取って、「朝の会が始まる前に全員が席についているね。さすがだね！」と価値づけます。

ポイント 2 　担任がいなくても進められる

　担任がいなくても子どもだけで朝の会が進められるようにします。それには、朝の会・帰りの会のメニューの一つひとつに、担当を決めておく必要があります。
　右のイラストをご覧ください。朝の会のメニューが４つ、帰りの会のメニューが３つありますが、そのすべてに担当者を決めておきます。
「朝のあいさつ」なら「朝のあいさつをします。立ってください。『おはようございます』」と言う担当の子がいます。
　帰りの会の先生の話なら、「先生の話です。先生お願いします！」と言う担当の子がいます。

朝の会

1. 朝のあいさつ
おはよう
ございます

2. 今日の元気
グーを出し
ました！

3. 健康観察
今日も元気で
すばらしい！
ハイッ！

4. 雑談タイム
何故十月が
オクトーバー
というと・・・
そっそうなんだ〜

帰りの会

1. ざ・ぶっとんだ賞

2. 先生の話
今日の国語の
とき、先生思った
んだけど

3. 帰りのあいさつ
さようなら
さようなら！

　多くのクラスでは、日直が朝のあいさつをしていると思いますが、私のクラスでは毎日同じ子がやります。他のメニューも同じで、毎日言うセリフが決まっています。

　このように、毎日同じ子が同じセリフでやることによって、担任がいなくても進められるようになります。

ポイント 3 「楽しい」と思えるメニューを入れる

　朝の会・帰りの会のメニューには、必ず子どもが「楽しい」と思えるメニューの入れておきます。例えば、「今日の元気」は簡単なレクをやって１日元気よく過ごすメニューです。「雑談タイム」は、教師のプライベートな話やおもしろいニュースなどを話します。「ざ・ぶっとんだ賞」は、その１日の中でクラスでがんばっていた子を２人紹介するメニューです。毎日行う活動だからこそ、「楽しさ」を忘れずにしていきたいと考えています。

チェックリスト

□ 時間を守って始めることで、クラスの規律をつくっていますか

□ 担任がいなくても進められるよう各メニューに担当を設けていますか

□ 毎日やる活動だからこそ「楽しさ」を忘れないこと！！

学級目標の決め方と使い方

「明るく前向きにがんばるクラス」

「時間を守り、メリハリをもって過ごせるクラス」

　みなさんが小学生のときにも、このような「学級目標」があったと思います。

　私が初任者のときは、一番大事にしたいことが「けじめ」と決まり、それの頭文字を使い、次のような学級目標をつくりました。

・けんかせず

・時間を守り

・メリハリをつけて生活する

　いざふり返ってみると、つくって終わってしまったという年が何度かあるなと反省しています。飾りと化してしまった学級目標には、残念ながら価値がほぼありません。そうならないためにも、子どもにとって必要感のある学級目標にしていきたいですよね。そして、生活指導の際にはその都度、学級目標に立ち返り、めざすべき方向や姿を確認していくものであるとなおよいです。

ステップ 1　先生が学校目標を把握する

　どの学校にも必ず「学校目標」が掲げられています。

「この学校は、こんな子に育てていきますよ」「そのために、こんな教育活動をしますよ」といった方針を示すものです。

　新年度初日の職員会議で、校長先生から言われるはずです。そこだけは、確実に押さえておきましょう（着任初日の会議ほど内容がわからない会議はないです）。

　そして、学級目標を決めるときには、学校目標の一部が含まれているか確認しておくとよいです。学校がめざす方向と、学級がめざす方向がだいたい同じであることが大切だと私は思います。

　私が学級目標を決める際に大事にしていることは、学級の実態に合った目標にすることです。子どもにとって意味のある学級目標となり、そのあとの指導もしやすくなります。

　具体的な方法として、模造紙に付箋を貼っていくことをここ数年行っています。多くの教室は、普段、学習で使う黒板が教室前方にあり、後方などにも黒板があると思います。そこに、「クラスのいいところ」「クラスの直していきたいところ」と書いて二分割した模造紙を貼っておきます。

　学級の実態を付箋に書き、模造紙に貼る時間を全体で取ります。この時間ですべて出し切るのは難しいため、そのあとも模造紙と付箋を黒板などに貼っておき、子どもが自由に書き加えできる状態にしておくのがよいでしょう。

　今年度は、この活動を4月中旬（新年度が始まって2週間くらい）に行いました。昨年度は、子どもたちから「先生、学級目標決めようよ！」と声が挙がったため、早い時期でしたが、大型連休前後に行っていました。だいたい1ヶ月くらいあれば、子どもも学級の実態がなんとなくわかるのだと思います。

　そのため、新年度が始まってすぐに学級目標を決めることは、あまりおススメしません。学級の様子を、教師も子どももある程度把握した状態で決めた方が意味のある学級目標になる可能性が高まります。

　教室に掲示していた模造紙には、圧倒的な数で「いすをしまう」という課題の付箋が貼られていました。また、着任した校長が「くつのかかとをそろえてしまえるように」と繰り返し口にしていたため、それらを「あとかたづけができる」と１つにまとめ、学級目標の一部にしました。

　下の画像は、子どもたちが貼った付箋を教師がまとめたものです。これを子どもたちに提示し、学級目標を設定していきました。

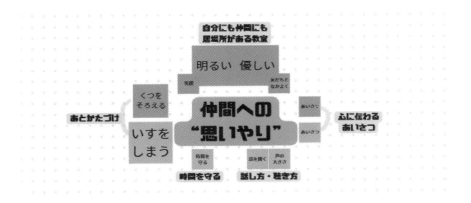

　ここで大事なことは、子どもたちと一緒に決めることです。教師が一方的に進めてしまったら、ここまで子どもたちと一緒に進めてきたことが水の泡です。必ず、どんな形であれ一緒に学級目標を決めましょう。今年度は、意見をまとめたものを教師が提示し、子どもたちが最終決定しました。年度によっては、子どもに学級目標の案を考えてもらい、フォームで投票といったこともしてきました。高学年であればできますが、時間はとてもかかるので気をつけてください。

　次ページ上部の画像を見てください。学級目標の周りに、子どもたちの分身であるCanvaでつくったアバターを置いています。ここでも、子どもと一緒につくることが大事です。今回は、Canvaの操作に慣れるために、このような方法をとりました。画用紙に子どもが文字を書いたり、枠取りされた文字に色づけしたりして掲示する方法もあります。職場の先輩方に質問するのもおススメです。

みんなが楽しめる教室

あとかたづけができる

思いやり 4-1

自分からあいさつできる

時間を守って行動できる

伝わる話し方・安心する聴き方

ステップ 4　学級目標を様々な場面で活用する

　決まった学級目標は、使っていかないと意味がありません。私は、子どもに指導するときや、朝の会・帰りの会における先生の話、学級通信などで学級目標を活用しています。教室内であれば、掲示してある学級目標を子どもと一緒に見ながら話をするとより効果的です。

　1週間の中で、必ず一度は学級目標にふれながら話をするようにしましょう。そうすると、子どもの頭の中にも浸透していきます。私の学級では、いすが出たままだと、「いすをしまって！」と子どもから声が挙がるようになりました。そのあとは、学級目標にふれる頻度を高めていき、目標達成のための行動を習慣化できるようになるといいですね。

チェックリスト

☐ 学校目標を把握していますか

☐ 子どもと一緒に学級目標をつくっていますか

☐ 学校目標と学級目標がある程度同じ方向性になっていますか

☐ 1週間の中で必ず学級目標にふれていますか

教師になってみて〜１学期編〜

「もがいて、もがいて、さなぎになって、ちょうちょになって飛んでいけばいい」

　教師になるのが不安だと話したとき、教育実習先の学校の校長先生に言われた言葉です。もがく分だけ進む。そして、次の異動先の学校でちょうちょのように飛び、羽ばたいていけばいいんだよ、と。教師になった私は、この言葉を大事に、初任者としての毎日を過ごしてきました。私が、子どもたちをよりよい方向に導く手綱になる。この気持ちだけは強くもって。

　簡単ではないけれど、子どもたちと過ごす楽しい毎日。でも、ある日、学級以外のことでどうしても上手くいかないことがあり、ひとり泣けてきて、結局教室に顔を出せず家に帰った日がありました。翌朝、子どもたちが登校する前に教室に行くと、私の笑顔の似顔絵とともに、黒板になにか書かれていました。

　　　　「おはようございます。先生だいじょうぶですか？？」
　　　　　　　　○○・○○・○○・○○より

　そこから、教師になってみて、一番よくわかったことがありました。子どもにどれだけ支えられ、元気をもらっているか。

「子どものために」

　ときに教師の働き方を揶揄して使われる言葉。でも、子どもがいるからがんばれる私に、子どものためにがんばらない理由なんて、ありませんでした。「子どものために」は、自己犠牲ではなく、子どもへの限りない感謝の具現でした。
　何者でもないのに、私を助けてくれて、優しい気持ちを向けてくれて、一緒にがんばろうとしてくれる子どもたち。子どもたちのために、私はできる限りの努力を

して、子どもが歓迎されていると感じられる学級をつくりたい、その思いを強くしていきました。そして、大好きな子どもたちに大好きだと伝え、感謝しながら1日1日を大切に過ごしていきました。

　そうして過ごす中で、教師になってみてわかったことが、もう1つありました。子どもの成長を感じられることの喜びです。昨日より今日、先週より今週、よい変化が増える子どもを目の前で見ます。私の声がけや指導が、子どもによりよい変化をもたらせたと実感したとき、子どもの成長とともに自分が存在する意義が感じられ、とてもうれしいものだと知りました。

　優しい言葉が増えた子ども。違いを認められるようになった子ども。解ける問題が増えて、意欲的になった子ども。他の友だちをよい方向へと導けるようになった子ども。大げさかもしれませんが、ただの1人の教師である私が、この子どもたちの人生と、この世界を、ほんの少しよくすることに貢献できた気がしました。

　これは、教師になってみて初めての感覚であり、教師という職業は、"よりよい教育を通じて人が幸せに生きることを実現したい"という、自分の願いを叶えることに結びついている、そう実感しました。

「先生のおかげで」。子どもの言葉に、胸が温かくなった日。「あ～、そういうことか！」授業でわかった子どもがいた日。「先生のような、穏やかで優しい先生でよかったです」。保護者の方に感謝された日。

「ゆか先生、ありがとうございました！」「ゆか先生のおかげで」「ゆか先生、こうですか？」「ゆか先生、見てください！！」「ゆか先生、一緒に遊ぼう！！」

「あ！　先生出張だ！　行ってらっしゃい～！」「ありがとう！　行ってきます！」

「doctorの意味は？」「医者！」「じゃあ、teacherは？」「ゆか先生～！」

　子どもがいるからがんばらないといけないけれど、子どもがいるからがんばれる。決して何かにとって代わることのできない、彩りある日々を過ごしています。

第 2 章

学級経営はじめの一歩
2学期編

夏休み明けの指導

「夏休みが終わる」と聞くと、どんよりした気持ちになってしまうことがあります。

しかし、2学期の初日に子どもたちに再会すると、一気に元気をもらえます。

毎年2学期が始まる度に子どもたちとの再会に心温まります。

子どもたちも、「学校の方が楽しい」と語ったり、「みんなに会いたかった」と素直な気持ちを伝えてくれたりします。

しかし、夏休みのリラックスモードから学校モードへ切り替えることが難しい子もいるかもしれません。様々な子どもたちの状況を考慮し、ゆっくりと確実に指導を進めていくことが夏休み明けの大切なポイントです。

ポイント 1 「リセット」する

2学期のスタートは、4月とは異なる性質をもっています。子どもたちとの関係性や、子ども同士の関係性がすでに築かれているからです。

2学期が始まる直後は「リセット」の雰囲気が感じられ、一見落ち着いているように見えるかもしれません。

しかしこの状態は、何もせずにいると2週間ほどで緊張感から解放されてしまいます。

そこで、子どもたちには「リセット」の感覚をもち続けるようになることが重要です。

例えば、教室の整理整頓や提出物の確認などの際に行われる「ルール」や「決まり」「確認事項」を徹底的に守らせ、「できる自分」「できそうな私」を認知させ、子どもたちの「心機一転」をサポートするようにしましょう。

教師は、一人ひとりの子どもたちの成長意欲を見逃さず、「期待する」という姿勢をもち続けることが大切です。

ポイント 2 「リスタートする」

「リスタート」には、チャンスとチャレンジが求められます。

　夏休み明けは子どもたちの意欲が高まっているため、何度でもやり直す機会を提供しましょう。ここでいう「やり直し」は、決してネガティブなことではありません。

　例えば、朝のあいさつや授業の号令を繰り返すことで、新たな雰囲気を醸し出すことができます。

「朝のあいさつ」で「もう１回やろう！」と声をかけたり、授業の「号令」で「気持ちがいいね！　もう一回聞きたい！」と発破をかけたりします。声を出すことは学級の空気を一新する力があります。

　また、学級の「言葉」を確認することも重要です。言葉によるコミュニケーションの改善がトラブルの予防につながります。感謝の意を表す「ありがとう」や、協力を求める「一緒にやろう」といった言葉を学級全体で共有し、新たなスタートを切りましょう。

　場合によっては、こうした言葉のリストをつくって読み上げたり、教師のあとに続けて読んでもらったりしながら、学級全員で過ごしていく意味や、互いに気づかい合うことの大切さを沁み込ませていくことも、案として考えられます。

　７月からのリスタートはただの惰性ではありません。過去の経験や思い込みにとらわれることなく、リセットとリスタートを心に留めながら進んでいきましょう。

チェックリスト

☐ 子どもたちとの再会を楽しみにしていますか

☐ ４月に確立した目標を再確認しましたか

☐ １学期の子どもたちをポジティブにリセットしましたか

☐ リスタートのチャンスを子どもたちに提供していますか

☐ 具体的な言葉を子どもたちに投げかけていますか

行事指導〜運動会編〜

　運動会は「クラスのまとまりが生まれる」大きなチャンスです！！　よって、運動会を通して「クラスのまとまりを強くする」ことをめざしたいです。今回は運動会で「クラスのまとまりを強くする」3つのポイントを紹介します。

ポイント 1　めあてをつくる

　これは、もしかしたら多くのクラスがやっているかもしれません。ただ、ここで紹介したいのは、学級目標と連携させた運動会めあてです。つまり、あなたのクラスの学級目標とリンクした「運動会のめあて」をつくるということです。

　例えば、私のクラスの学級目標は「挑戦・笑顔・利他」です。これを運動会用につくりかえるとすると、次のような、めあてができあがります。

・挑戦　〜自分の限界のちょっぴり超えるくらいの練習をしよう〜
・笑顔　〜勝っても負けても最後は必ず笑顔で終わろう！　〜
・利他　〜1人で勝ちをめざさない！　助け合って勝ちをめざそう〜

　普段から意識しているからこそ、よりクラスのまとまりは強くなります。

ポイント 2　役割を明確にする

　運動会には様々な種目があり、それぞれに役割があります。例えば、次のような役割があります。

・徒競走…練習の成果を発揮し全力の姿を見てもらう
・団体競技…みんなで協力している姿を見てもらう
・表現運動（ダンス）…動きのキレやカッコよさを見てもらう

　徒競走で明らかに手をぬいて走っている子をたまに見かけます。徒競走を運動会でやることの是非は置いておいて（改善すべき点がたくさんあると私も思っています）、「手をぬいて走っている姿を多くの人が見る」ということは自覚させないといけません。これが私のいう、「役割を明確にする」ということです。「練習の成果を発揮し、全力でみんなが走るのがかっこいいんだよ！」これを子どもたちに伝えることで、クラスのまとまりは強くなっていきます。

ポイント 3 成功体験を創造する

　運動会は最終的には勝ち負けがはっきりしてしまいます。どんなにがんばって練習しても負ける場面が出てきます。よって、練習の段階から「成功体験」をつくりあげていくのです。

　例えば、徒競走。1回目の練習と最後の練習でタイムを計り、伸びを一緒に喜び合うなどが考えられます。表現運動（ダンス）なら、最初の練習風景を撮影しておき、最後の練習でその動画を見て自分たちの努力を称え合う、などです。このように意図的に成功体験をつくりあげることは、教師の大切な仕事です。

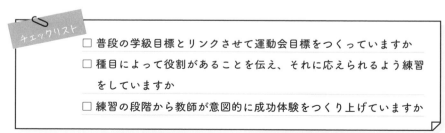

チェックリスト

☐ 普段の学級目標とリンクさせて運動会目標をつくっていますか

☐ 種目によって役割があることを伝え、それに応えられるよう練習をしていますか

☐ 練習の段階から教師が意図的に成功体験をつくり上げていますか

学級会の指導

　学級会とは、子どもたちが自分たちの学級生活をよりよくするために、自ら問題を発見し、解決のために話し合う活動のことです。

　はじめから子どもたちだけでやらせようとしても、いきなりはできません。はじめは教師が手助けをし、流れを経験させます。そして、少しずつ自分たちの力でできるように繰り返し取り組んでいきます。

　子どもたちが進められるようになったからといって、放任ではいけません。教師は常に見守り、子どもたちの主体性を尊重しつつも必要に応じて助言し、進むべき道を照らしてあげることが必要です。

　学級会は全員で合意形成を図っていくものです。司会グループも交代で行い、全員に経験させます。

　ここでは、学級会までの具体的な流れについて紹介します。

ステップ 1 議題の提案

　子どもたちが、クラスをよりよくするために、みんなでやりたいことやつくりたいもの、解決したいことなどを提案します。

　議題の集め方はいくつかあります。よく行うのは、議題ポストと意見カードを設置し、提案したいことを書いて投函してもらう、といった方法です。この際、教師が作成していきなり設置するのではなく、子どもたちに趣旨を説明し、「どんなポストがいいかな？」「どんな名前がいいかな？」と投げかけます。そして子どもたちが手づくりで作成できるとよりよいと思います。自分たちの思いが入るからこそ、関心が高まります。

　また、普段の何気ない会話やつぶやきであったり、子どもの日記から課題を見つけたりすることもあります。そんなときは「クラスのみんなに提案してみたら？」と促したり、「こんなことを考えてくれている子がいるのだけど……」とクラスみんなに投げかけたりします。

ステップ 2 議題案の決定

　司会グループのメンバーで、いくつかの案を選定していきます。その際、様々な議題が出てくることが予想されます。なんでもOKにしてはいけません。子どもが決めてよいことと教師が決めるべきことはきちんと区別してあげましょう。また、個人の問題なのか、学級の問題として全員で話し合うべきかどうかも考えてもらいます。そして整理ができたら、議題の最終決定はクラス全員で行います。

ステップ 3 話し合いの準備（司会グループ）

・**活動計画の作成**
　・役割の分担（司会、黒板記録、ノート記録）
　・提案理由のまとめ（学級生活をよりよくすることにつながるかどうかをきちんと確認し、全員で共通理解する）
　・決まっていることの確認（日程や使用できる時間等、教師が決めるべきことは伝える）
　・話し合うことの決定

ステップ 4 学級会を開く

　学級会は司会グループの進行で行っていきます。司会を子どもたちに任せるからこそ、そして全員に経験してもらうからこそ、全員が安心して進められるということが大切です。そのために"台本"を用意します。話の"型"ができると、そのうち自由に話し合えるようになります。子どもたちから「もっとこうしたい！」という声が出てきたら、それはとてもすばらしいことです。"型"があるからこそ、破っていけるのです。

　黒板記録も毎回同じように記録して進めていけるように、「議題」「提案理由」「めあて」などの短冊を用意しておきます。

　さぁ、いよいよ話し合いスタートです。学級会は①意見を出し合う、②意見を比べ合う、③まとめる、といった流れでスタートしていきます。

　意見を出し合うときに、いつも私が子どもたちに伝えていることが４つあり

ます。

　①いろいろな意見が出るのはすばらしいことだよ

　　いろいろな立場で考えられているからこそだね

　②意見が違う人も"敵"じゃないよ

　　対立するのではなく、意見の違いを受け止められるといいね

　③自分の意見をもてていることはとてもすばらしいこと

　　でも「自分の意見を無理やりでも押し通すぞ！」というのではなく、
　　他の意見のよさを見つけたり、他の意見から学ぼうとしたりする姿勢
　　も大切だよ

　④他の人の意見を受け止めるには、どうしてそう思うのかという理由を
　　しっかりと聞くことが大切だよ

　相手を言い負かすという意識では、学級をよりよくするための話し合いはで
きません。これらの４つことを繰り返し伝えていく中で、一人ひとりが自分の
意見を安心して言える場をつくることができ、友だちの思いを受け止めて意見
を聞こうとする姿勢も育まれてきます。

　たくさんの意見が出てきたあとは、まとめです。まとめ方はいろいろとあり
ます。いきなり多数決で決めることはおススメできません。みんなで合意形成
を図っていくことが大切です。

　そのため、私のクラスでは、意見をまとめるための合意形成のプロセスとし
て、はじめにいろいろな方法を提示します。

・意見をまとめるための合意形成の方法

　・意見を合わせる　　・新しい考えをつくる　　　・少しずついいところをとる

　・条件をつける　　　・共感的に理解し、譲る

　その際、子どもたちにとってイメージしやすく、覚えやすいように、２つの
意見を合体させる"ハーフ＆ハーフ"や、いろいろな意見のいいとこ取りをする
"バラエティーセット"、１つの意見につけ足していく"トッピング"などの名前
をつけています。慣れてくると、子どもたちから「こんなのはどう？」と、ど
んどんとアイデアが出てくるようになりますよ。

ポイント 学級力アンケート

　学級会の議題を決めるとき、全員でクラスの現在地を確認し、課題を話し合います。その際、私のクラスでは「学級力アンケート」を活用しています。

> 【学級力の定義】
> 　学び合う仲間としての学級をよりよくするために、子どもたちが常に支え合って目標にチャレンジし、友だちとの豊かな対話を創造して、規律ある安心できる環境のもとで、協調的な環境を創り出そうとする力

　私は、「学級力アンケート」の活用と学級会の取り組みは非常に相性がいいと考えています。学級をよりよい理想の姿に近づけるためには、まず現状を把握することが大切です。

　「学級力アンケート」とは、学級環境の診断から対話力や協調性などのデータをとる、上記の学級力の定義をもとに作成された子どもたち向けのアンケートです。その結果をもとに学級力レーダーチャートを作成することができ、領域・項目ごとの平均値が可視化されるので、学級の姿をつかみやすくなります。
（参照：「学級づくりに子どもたちの力を生かそう！学級力向上プロジェクト」公共財団法人理想教育財団riso-ef.or.jp）

ステップ 5 学級会を終えて

　学級会のあとは、司会グループのよい姿をみんなに広めて価値づけたり、学級の子どもたちの姿のよかったところを広めて価値づけたりします。併わせて、次回への課題を明確にすることも大切です。

　また、決まったことについて実践への意欲を高める声かけも必要です。話し合いで終わりではなく、話し合いで決まったことをもとに、実践につなげることこそが大切なのです。

> **まとめ**
>
> 　学級会を繰り返し行うことで、**自ら課題を見つけ、みんなで協力して解決していく力を育てる**ことができます。そして、温かい学級の雰囲気をつくっていくことにもつながります。

いじめ防止指導

　いじめ防止指導で、最も大切なのは「事前予防」です。いじめが起きてからでは遅いのです。学校は、いじめが起こる前の指導を徹底して行う必要があります。次の３つのポイントを押さえて指導します。

ポイント 1 　いじめは犯罪である

　いじめを「ただのふざけ」や「心の問題」として捉えてしまうことに、問題があると私は考えています。いじめは犯罪であり様々な要因で起こっていることを、学校側が認識し子どもたちに伝える必要があります。

　なぐることは傷害や暴行、物を盗ることは窃盗なのです。文部科学省でも「警察に相談又は通報することが想定されるいじめの事例」として多くの例を挙げられています（参照：『平成25年5月16日　早期に警察へ相談・通報すべきいじめ事案について（通知）』）。1つ例を挙げるなら、「無理やりズボンを脱がす」は「暴行罪」として紹介されています。

ポイント 2 　いじめられる方に責任はない

「いじめられる方にも原因がある」と聞くことがありますが、これは間違いです。いじめる方が100％悪いのです。

　例えば、万引きをしている人がいて、「万引きをされる店側にも原因がある」とは言いません。でも、いじめでは割と言われてしまうのです。いじめは犯罪という認識が希薄であることが、ここからもわかります[1]。繰り返しますが、いじめは万引きと同じで犯罪です。だから、やった方が100％悪いのです。

　このことを事前に子どもたちに伝えておくことが、万が一いじめが起きてしまったときの、被害者の心のケアにつながります。「大丈夫！　あなたは悪くないよ」という言葉が、いじめを受けた子にしっかりと伝わるのです[2]。

大丈夫！
あなたは悪くないよ

ポイント 3 いじめを発見するシステムをつくる

　いじめ発見システムは、向山洋一先生が提唱されたものです。医者が病気発見のために徹底した仕組みをもつように、教師もいじめを見つける仕組みをつくる必要があると提唱されたのです。

　いじめを発見するシステムは次の3つです[3]。

・触診：子どもを観察する　　　例）席をはなす子を見つける・あだ名で呼ぶ
・問診：アンケートをとる　　　例）月1回の定期アンケート
・調査：ひとりぼっちの子調査　例）休み時間だれと遊んだか

　このようなことを学校全体として取り組むことが、まさに「いじめ予防」になるのです。「先生たちはいじめを許さないぞ！」という本気の姿勢は、子どもに必ず伝わります。

　□ 「いじめは犯罪であり許されない」ことを子どもたちに伝えていますか
　□ いじめは「100%いじめた側が悪い！」と子どもたちに伝えていますか
　□ いじめ発見システムを学校全体で取り組み、「いじめ予防」をしていますか

【参考文献：註1）ひろゆき著『よのなかの攻略法 学校編（ミライの攻略法）』小学館、2022
　　　　　2）和久田学著『学校を変えるいじめの科学 = The Science of Bullying』日本評論社、2019
　　　　　3）向山洋一著『「いじめ」は必ず解決できる: 現場で闘う教師たちの実践』扶桑社、2007】

係活動～活性化編～

・どうして活性化しないといけないの？

　学期はじめにスタートした「係活動（会社活動）」。子どもたちは新たな気持ちで活動していたことでしょう。しかし、日々の授業や行事の忙しさや慣れてきて活動が停滞する子たちもチラホラ出てくるものです。

　そんな子どもたちの姿を見て、担任であるあなたはどう思いますか。「最初に決めたことをきちんしてないな」「最後まで責任をもってやって欲しい」など。決めたなら、やって欲しいという気持ちが少なからずありませんか。

　では、子どもたちはどう感じているのでしょうか。やらなければならないことはわかっているけど……、と思っている子は多いのではないでしょうか。

・楽しくやろう

　あなたならどんなときに自分から取り組みたくなりますか。「お金がもらえるから！」それは、大人だからですよね（笑）。子どもたちだって、何かもらえたり、だれかに喜んでもらえたり、自分がやっていて楽しいものだったり。そうやって、自分だったらどうかなぁと考えてみましょう。係活動が停滞しているあの子は、どうやったら楽しくなるのでしょうか。

・視覚的にわかりやすく

　子どもたちは、自分たちの活動がより視覚的にわかりやすくなるとやってよかったなと感じることができます。活動したら、シールを貼る。星に色を塗る。活動したらネームプレートを動かせば、活動をしたのかしていないのか、どんな活動をしているのか、クラスのみんなに伝わり活動を認知してもらうことができます。もしこのような手だてを取られていない場合はやってみてください。

　それでは、おススメの活性化方法を３つご紹介します！

ポイント 1 ホワイトボード

　これは、当番活動でも係活動でも会社活動でもなんでもに活かせる実践です。

　教室に活動に使ってよいホワイトボードとホワイトボードペンを用意します（100円ショップで売っています）。

　子どもたちには、以下のように伝えました。

「みんなの活動で使えるようにホワイトボードを用意しました。何かクラスのみなさんにお知らせしたいときや話し合いをしたいときに使ってみてください」

　すると、置いたその日からクラスには色々なお知らせが貼られました。だれか1人が書き始めると、周りに広がるのは早いです。視覚化することによって、より「活動」への意識が生まれたのだと感じました。

「あれ、木曜日に鬼ごっこがあるんだ。参加しようかな」

「おっ、この描いてある絵がとても上手だな」

　ぜひ、そのホワイトボードに書いてあることを、教師も楽しんで反応していきましょう。

ポイント 2 発表の場をつくる

　係活動の発表の場をつくりましょう。係活動を始めたものの、どこで広げればいいのかわからないということが起きます。

　朝の会・帰りの会で活動を伝える場をつくったり、イベントとして、お楽しみ会の中で係活動の発表の場を設けたりすることで、活動に対しての目標が生まれます。また、他の子に活動が広まることで教室に「楽しい！」雰囲気が広がっていきます。

　朝の会・帰りの会は5分でもいいです。定期的に時間を取ってあげましょう。

　また、学活等の時間をお楽しみ会として、係活動の発表の場を設けてもよいと思います。楽しいことをみんなで共有して、温かいクラスづくりへつながるといいですね。

ポイント 3 クラス通貨

　この実践は、少し準備等が大変で、ハードルは少し高いかもしれませんが、私の学級（2・4・6年生）で実践して盛り上がったのでご紹介します。実践した時期は、係活動も慣れてきて、やらなくなってきた子が増えてきた10月頃に始めました。

　始め方は、先生方ご自身の学級に合わせて実践してみてください。

　私がどのように始めたのか、順を追って紹介します。

①通貨をつくる

　通貨の単位を話し合いました（図１）（子どもたちからは、「１ハッピー」「１スーパー」などの案が出たのですが、多数決で「１モーリー」になりました。お恥ずかしながら、これは私のニックネームです）。

　また、通貨のデザインも子どもたちから募集しました。クラスの結束力やワクワク感が高まります。

②運用方法を話し合う

　ここが悩みどころではないでしょうか。この通貨をどうやって手に入れるのか。また、どうやって使うのか。

　実は、話し合いが一番盛り上がるところです。係活動で活用していくと、さらに盛り上がると思います。どのように使用していたか例（図２）で示しておきますが、やりながら変更してよいと思います。ぜひ、子どもたちと楽しんで実践してみてください。

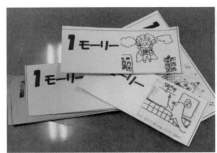

図１

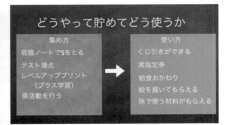

図２

③運用を始める

　始めていくと色々な出来事が起こると思います。子どもたちが工夫して通貨を集めだしたり、通貨を巡ってトラブルが起きたりします。何かを仕掛ければ、トラブルは起きがちです。事前に子どもたちと、「通貨を使うと起きそうなトラブル」を話し合っておき、トラブルが起きたときは「学びに変えよう」と、言うように伝えておきましょう。

　それ以上に、子どもたちの生き生きとした姿や楽しい雰囲気が生まれればよいですね。
　まずは、先生自身が楽しんでいきましょう。逆に、楽しめそうにないなと思うときはこの実践はおススメしません。

④終わりを決める

　何か実践をするときは、必ず終わるときを決めます。学級が終わる最後までだらだらするのではなく、「クラス通貨がなくても、みんなで楽しいことしようね」などと声をかけて本来の係活動の大切さに戻ります。そして、気持ちをリセットした状態で次の学年に上がりたいものです。
　最後に、係活動をする目的を伝えておくと本来めざしたかった力が身につくと思います。

　私の学級の場合、最後に係活動の発表会をしたり、クラス通貨を使ってお祭りをしたりしました。作文にそのときの思い出を書いてくれる子もいましたよ。

チェックリスト

- □ 子どもたちは活動を楽しめていますか
- □ 子どもたちは何をすればいいのかわかっていますか
- □ 子どもたちの活動は目に見える形になっていますか
- □ 子どもたちの活動の発表の場はありますか
- □ 先生は、子どもたちの姿を見て楽しめていますか

校外学習

校外学習は、子どもたちの中でも人気な学校行事であることが多いです。そんな行事が、「つまらなかった」となってしまってはもったいない。

事前の確認で一緒に対策していきましょう。

ポイント 1 基本情報の確認

4月の時点で必ず、日時（予備日）と行き先を確認します。例えば、5年生は12月に校外学習でテレビ局に行くとします。

事前に学習したかどうかで校外学習における学びも大きく異なるため、この場合は、12月までに社会科で関連した内容は終えるように計画します。

また、同意書やしおり等の手紙や交通手段についても忘れずに確認しておきます。

ポイント 2 目的の確認

校外学習が「楽しかった」だけで終わらないためには、目的が大切です。まずは、先生として「何のために校外学習に行くのか」を考えておきます。

「教科書で勉強したことを自分の五感を使って確かめる」

「実際にその場所で働いている方を通して、学習の理解を深める」

こういった目的が考えられます。

次に、その目的を子どもにも問いかけ、一緒に確認します。

一例ですが、次のような言葉を私は投げかけています。

「どうして○○へ校外学習をしに行くのかな？」

「先生は、〜〜というように考えています」

「これが達成できたら、校外学習は大成功だね」

この場で確認した目的は、校外学習の当日にも再確認をします。

ポイント 3 当日慌てないための確認

「施設構造」「怪我や病気」「持ち物」

大きくこの３点は事前に確認しておきます。

校外学習は、事前に現地に下見に行きます。その際、施設マップやトイレの位置や数などをメモしておきましょう。もし、見学当日に自由行動を設ける場合は先生の立ち位置も話し合って決めておきましょう。

当日、一番怖いものが怪我や病気です。事前に子どもの持病のチェックや、当日の細やかな体調管理を心がけます。

また、見学場所周辺の病院を調べておくと、もしものときにも慌てません。

私の経験から持ち物リストを作成してみました。

下段に空欄スペースを設けています。ぜひ、自分なりの持ち物リストを作成してみてください。

○筆記用具	○校外学習のしおり
○弁当・水筒	○割り箸（貸出用）
○記録用カメラ	○施設資料
○ビニール袋	○雨具
○救急セット（傷薬・絆創膏等）	○お金（緊急用）
○スマートフォン	○教師用名札
○スマートウォッチ（先生同士の連絡が即時確認可能のため、おススメ）	
○	○
○	○
○	○

> **まとめ**
>
> 子どもから「校外学習に行くことができてよかった！」という言葉が出てくるためには、先生の事前準備が肝心です。３つの確認で備えていきましょう。

教師になってみて〜2学期編〜

　2学期がはじまり、私自身、教師としての成長も少しずつ感じることができました。また、初任者の学級が成長していくかどうかは、教師の伸びしろにかかっていると感じるようにもなりました。

　ここでは、1学期から2学期にかけて私が実践して感じたことを紹介したいと思います。

　1つ目は、常に「子どもたちの側にいること」です。どうしても授業中や学校生活のなかで厳しく指導をしなくてはならない場面はあると思います。私も技量不足によって子どもに上手く指導できない場面が多々ありました。しかし、厳しく指導しただけでは子どもの心には響きません。大人である私たちも、あまり好きではない人から注意をされても素直に受け止めることは難しいのではないでしょうか。

　そこで、私は子どもたちの心をつかむために朝早く（7時半前後）に教室に向かうことや、休み時間に遊ぶことを意識して生活しました。朝の時間は、早くに登校してきた子どもたちと休日の話や学校で楽しんでいることなど、たわいもない話をしています。休み時間は、鬼ごっこやケイドロ、四葉のクローバー探しなど、子どもたちがしている遊びに参加しました。このような時間を通して、普段の授業だけでは見ることができない子どもの一面をたくさん見ることができ、私と子どもたちの関係をよりよいものにしてくれました。そして、子どもからの信頼を少しずつ得ることができ、指示の通りやすさや授業でのやり取りが活発になったと感じています。

　また、子どもたちとの会話から「○○さん、先生にほめられるように漢字の宿題をがんばっているそうです」など、学級経営をしていくための大きなヒントを何度ももらうことができました。これも子どもたちの側にいたからこそ得ることができた成果だと思います。

　しかし、常に子どもたちの側にいることは簡単なことではありません。日々の業務や授業づくりで精一杯になり、11月の朝は職員室で過ごすことも多くなってしまいました。それでも、11月末には1学期から大切にしてきた「子どもたちの側にいる」

ことの意味をふり返り、朝から教室に向かうことを大切にして生活しました。

　私はこれからも子どもたちの側にいることを大切にし、子どもとの会話から学級経営の仕方や信頼関係の築き方を学び、成長していきたいと考えています。

　2つ目は、積極的に先輩教員に教えられたことや実践をまねすることです。1つ目に紹介した「子どもたちの側にいること」も学年主任の先生から、初任者の心がまえとして教えていただいたことです。また、私は毎日、学年主任の先生の教室を見に行くようにしています。すると、授業の仕方だけではなく、子どもたちへの指示の仕方や教室環境をどのように整えればいいのかを学ぶことができます。

　特に、指示の仕方をまねしてみることで、着任したころに比べて子どもたちに端的でわかりやすい指示が出せるようになれたと感じています。その結果、子どもたちの学習活動や集団行動のスピードが上がり、子どもたちをほめる機会も増やすことができました。

　加えて、初任者研修ではどの自治体でも、研究授業を数回実施すると思います。ぜひ、研究授業が終わったあとに、見に来ていただいた先生たちから指導をいただいてください。私は指導いただいたことを次の日から実践していくことで授業を少しずつ上達させることができ、だんだん自信がもてるようになりました。

　初任者のもつ学級は、教師が成長していくことでどんどんよくなっていくものだと考えています。そのため、これからも子どもたちの側にいることや先輩方の実践をまねしていくことを大切にしながら、自分の教師としての力量を高め子どもたちに還元していきたいと思います。

第 3 章

学級経営はじめの一歩
3学期編

冬休み明けの指導

　冬休み明けは、修了・卒業まで残り約50日となる時期です。

　言いかえれば、学級の終わりを視野に入れたスタートの時期と言えます。

　学級の状況によって、時が経つのが早く感じられたり、逆に長引くように感じられたりすることもあるでしょう。

　ただ、いずれにせよ「最終日」という日は確実に訪れます。

　そのため、夏休み明けの「リセット・リスタート」に加えて、「フィニッシュ」の意識をもつことが重要です。

　終わり方や締めくくりを考えていくことが大切です。

ポイント 1 あと50回しか話せないとしたら

　3学期の初日から、卒業までの登校日数を数えてみましょう。

　例えば、その日数が50日だとしたら、子どもたちに伝えたい話がいくつあるのか考えてみるのです。

　たった50回しか話せないという意識をもつと、ムダな言葉や感情に流されることはなくなります。むやみに叱ったり、怒ったりすることがなくなります。むしろ、感謝やありがたさ、出会えた喜びが湧き上がってくるかもしれません。

　すると、短い期間で多くのことを伝えるのではなく、日々のコミュニケーションを通して大切なことを伝えていく心がまえができます。

　ぜひ、冬休み中に伝えたいことのリストを作成してみてください。

　そして、3学期は日々少しずつ子どもたちに伝えてみてください。

ポイント 2 教師の自己満足に陥らない

　日数が少なくなるにつれ、「この学年内で成し遂げるべき○○」という意識

が高まっていきます。

　しかし、焦らずに子どもたちの意欲や成長に寄り添った指導をしていくことが大切です。子どもたちの願いや思いに合わせて指導し、教師の自己満足に陥ってしまうことのないよう心がけましょう。

　次の学年に進むための圧力をかけるのではなく、学びと成長の楽しさを伝えて子どもたちをサポートするのです。

ポイント ３　６年間で育てていく心がまえをもつ

　よく「学校はチーム」と言われます。６年間、同じ担任であり続けることが難しい側面ももち合わせているからです。

　次の学年や先生に引き継ぐことを前提としつつ、学年全体で子どもたちを育てる意識をもちましょう。次の学年にスムーズにバトンを渡し、自分の役割を果たすことが大切です。

　そういった中でも、３学期は自分自身の思いを余すことなく伝えていくべきです。自己満足に陥らず、学校全体で育てていく心がまえで、次の学年へ送り出すことが重要です。

　決して、「すみませんでした」「申し訳ありません」のように謝る必要はありません。「よろしくお願いします」と素直にバトンを渡すようにしましょう。

　そして、子どもたちの６年間には多くの先生方の願いが込められていることに思いを馳せましょう。

チェックリスト

☐ ３学期の残りの登校日数を数えましたか

☐ 子どもたちに伝えたいことのリストを作成しましたか

☐ 過度な指導や焦りは避けていますか

☐ 次の学年に対する期待を育てる言葉をかけていますか

☐ 過剰な謝罪の気持ちをもたないようにしていますか

☐ 次の学年へのバトン渡しに向けて準備ができていますか

☐ 気持ちよく次の学年にバトンを渡せそうですか

行事指導〜学習発表会編〜

　学習発表会の指導で大切なポイントは、1.保護者に学習の成果を見せる、2.指導に時間をかけすぎない、3.子どもたちがセリフや動きを考える　の3つです。

　今回は1年生の学習発表会の実践を紹介しながら、3つのポイントを紹介していきます。

　私の勤務する自治体は学習発表会を国語グループ、音楽グループ、体育グループなどに分かれて行うことが多いです。今回紹介する実践は、体育グループが体育の学習の成果を発表するというものです。

ポイント 1 保護者に学習の成果を見せる

　学習発表会ですので、「保護者に学習の成果を見せること」が一番の目的になります。ただし、発表会ですので、体育の授業をそのまま見てもらうという訳にはいきません。

　そこで、体育の発表をストーリー仕たてにして行いました。次ページがそのときの台本です。

　「2つの体育チームが争っていて体育対決をする」というのがストーリーの骨子です。お互いの体育チームが技を披露しあうのですが、すべて引き分けになります。そして、最後は仲よくなるというストーリーです。

　このように、ストーリー仕たてにすることで、劇を見ているかのようなわくわく感が演出できます。

　また、見栄えよくするためにそれぞれの対決に曲をつけたり、盛り上げるためにナレーターの台詞を入れたりします。

資料　がくしゅうはっぴょう会台本

がくしゅうはっぴょう会　　　　　ねん　　くみ　なまえ（　　　　　　　　　）

ナレーター（先生）
物語の舞台は、〇〇県〇〇市。〇〇小学校の学区には、2つの体育チームが存在しました。その名も、(A　　　)と(B　　　)。
長年にわたり、(A　　　)と(B　　　)は、ケンカを繰り返していました。そして、いよいよ、体育対決の時がきました。
まずは、とび箱対決です。勝負は、より美しく着地した方の勝ちです。

1　とびばこたいけつ　（とびばこの上からジャンプして ちゃくち・かいきゃくとび・シンクロとび）
　　Aチーム（　　　）（　　　）（　　　）（　　　）（　　　）
　　Bチーム（　　　）（　　　）（　　　）（　　　）（　　　）

ナレーター（先生）
どちらも、すばらしい着地でした。この勝負、引き分け！！
次は、マット対決です。勝負は、より美しく回った方の勝ちです。

2　マットたいけつ（前回り　後ろ回り　じぶんが ちょうせんしたいわざ）
　　Aチーム（　　　）（　　　）（　　　）（　　　）
　　Bチーム（　　　）（　　　）（　　　）（　　　）

ナレーター（先生）
どちらも、すばらしい回り方でした。この勝負、引き分け！！
次は、サッカー対決です。勝負は、よりシュートの威力が強かった方の勝ちです。

3　サッカーたいけつ　（シュート　ミニゲームをする）
　　Aチーム（　　　）（　　　）（　　　）（　　　）（　　　）
　　Bチーム（　　　）（　　　）（　　　）（　　　）（　　　）

ナレーター（先生）
どちらも、すばらしいシュートでした。この勝負、引き分け！！
次は、なわとび対決です。勝負は、より、速く何回も跳んだ方の勝ちです。

4　なわとびたいけつ　　（前とび　うしろとび　かたあしとび　じぶんが ちょうせんしたいわざ）
　　Aチーム（　　　）（　　　）（　　　）（　　　）（　　　）
　　Bチーム（　　　）（　　　）（　　　）（　　　）（　　　）

ナレーター（先生）
どちらも、たくさん跳ぶことができました。この勝負、引き分け！！
次は、ボール対決です。勝負は、より遠くに跳ばした方の勝ちです。

5　ボールたいけつ（とおくにドッジボールをなげる　ドッジボールたいけつ）
　　Aチーム（　　　）（　　　）（　　　）（　　　）（　　　）
　　Bチーム（　　　）（　　　）（　　　）（　　　）（　　　）

ナレーター（先生）
どちらも、遠くまで飛ばすことができました。この勝負、引き分け！！
いよいよ最終対決です。勝負は、よりダイナミックにダンスができた方の勝ちです。

6　ダンスたいけつ（うんどう会のダンス）
　　Aチーム（　　　）（　　　）（　　　）（　　　）（　　　）
　　Bチーム（　　　）（　　　）（　　　）（　　　）（　　　）

ナレーター（先生）
どちらも、ダイナミックに踊ることができました。この勝負、引き分け！！

ポイント 2 指導に時間をかけすぎない

　ポイントは新しい技に改めて挑戦するのではなく、今までやったことがある技を中心に練習することです。例えば、次のような技です。

・跳び箱…跳び箱の上からジャンプして着地、開脚跳び・シンクロ跳び
・マット…前回り後ろ回り、自分が挑戦したい技
・サッカー…シュート、ミニゲーム
・なわとび…前跳び、後ろ跳び、片足跳び、自分が挑戦したい技
・ボール投げ…遠くにボールを投げる
・ダンス…運動会のときのダンス

　簡単な技でもポイント1で紹介したようにストーリーにしたり、音楽をかけたりすることで見栄えよくすることができます。
　また、指導計画をしっかりと教師が立てておくことも大切です。このときは、次のような指導計画を立てました。

第1時
・全体のストーリーを確認する（前ページの台本参照）
・自分が担当したい種目を選ぶ（前ページの台本参照）

第2時
・体育館で、動きの確認
・ステージで行う種目を決める（マット・なわとび・ダンス）
・ステージ下で行う種目を決める（跳び箱・サッカー・ボール投げ）

第3時〜第5時
・体育館で、それぞれの種目の練習をする

第6時〜第7時
・体育館で、曲と動きを合わせる
曲に関しては、次のものを教師の方で用意しました。

6年生をおくるかい　　年　（　　　　　　　　　）

赤　青　黄　ピンク　緑　の「ありがとうレンジャー」をクラスで一人ずつ決める

（　　　　　　　）6年生のみなさん
（　　　　　　　）ごそつぎょう　おめでとうございます。
（　　　　　　　）いつも　ぜんりょくで　いっしょうけんめいな6年生
（　　　　　　　）かんしゃのきもちで　いっぱいです。
（　　　　　　　）6年生にかんしゃのきもちをつたえる
（　　　　　　　）ヒーローをしょうかいします。

赤（　　　　　）あ　★うしろをむいていてふりかえる
青（　　　　　）り　★うしろをむいていてふりかえる
黄（　　　　　）が　★うしろをむいていてふりかえる　　　　※
ピ（　　　　　）と　★うしろをむいていてふりかえる
緑（　　　　　）う　★うしろをむいていてふりかえる
全員　　　　　ありがとう　レンジャー　★ポーズ

（　　　　　　　）うんどうかいでのソーランぶし
（　　　　　　　）ぜんいんが　かっこよくて
（　　　　　　　）かがやいていました。
（　　　　　　　）力をあわせてがんばる　たいせつさ　を
（　　　　　　　）おしえてもらいました。
（　　　　　　　）ありがとうございます。
※をくりかえし
（　　　　　　　）なかよしタイムでは
（　　　　　　　）いつも　たのしいあそびを
（　　　　　　　）かんがえてくれました。
（　　　　　　　）ドッジボールにおにごっこ
（　　　　　　　）みんなであそんだ　じかん　は
（　　　　　　　）たいせつな　おもいで　です。
（　　　　　　　）ありがとうございます。
※をくりかえし
（　　　　　　　）やすみじかんは　わたしたちと
（　　　　　　　）いっしょにあそんでくれましたね。
（　　　　　　　）たのしくうれしくて
（　　　　　　　）もっともっと　あそびたかったです。
（　　　　　　　）ありがとうございます。
※をくりかえし
（　　　　　　　）さいごに、6ねんせいに
（　　　　　　　）「がっそう」のプレゼントをします。
（　　　　　　　）きいてください。
（　ぜんいん　　）きいてください。
（　ぜんいん　　）

（　　　　　　　）これで2年生のだしものをおわります。
（　　　　　　　）きをつけ　れい

ポイント 2 6年生にきちんと感謝を伝える

　ありがとうレンジャーの役が「6年生にきちんと感謝を伝える」ことを演出します。

　ありがとうレンジャーは各クラス5人ずつ決めます。3クラスなら15人の子がありがとうレンジャーになります。

　ありがとうレンジャーの衣装は、「あ」「り」「が」「と」「う」を書いた画用紙をビニール袋等に貼りつけます。

　最初は、後ろを向いて文字が見えないようにして被り、「ありがとう」を言うときに、ふり返り文字が見えるように演出します。

　また、ありがとうレンジャーのポーズを各クラスで考えます。「ヒーローっぽいポーズを考えよう！」と声をかけると、とても盛り上がっておススメです。

　ポーズは「ありがとうレンジャー」と全員が言うセリフでとります。各クラスがそれぞれ違うポーズでもいいし、各クラスで考えたポーズからよいポーズを決めてみんなで同じポーズをしてもいいです。

　6年生を送る会の出し物で、たまにですが「ウケ狙い」の出し物を見ることがあります。「楽しい」という点では、とてもよいのですが、送る会の目的は「6年生に感謝の気持ちを伝える」ことです。この目的を忘れずに出し物を考えたいです。

ポイント 3 指導に時間をかけすぎない

　行事の指導に時間をかけすぎないことが大切です。この出し物の学年全体での練習時間は３時間です。３時間で十分なのは、全体練習をする前に、各クラスで練習をするからです。練習内容は以下の３つです。

・セリフの練習
・ありがとうレンジャーのポーズの練習
・合奏の練習

　セリフは声の大きさや間の取り方を練習します。「セリフとセリフの間は２拍空ける」など最初に決めておくと、全体をスムーズにできます。セリフを言うだけなので、朝の会の５分程で練習できます。
　ポーズの練習は休み時間等にありがとうレンジャーの５人を集め考えてもらいます。
　合奏は音楽の授業で指導した曲にします。よって、練習は音楽の時間に取ります。

　このように、各クラスである程度練習したら、体育館で学年全体の練習をします。全体練習は一番盛り上がるところからやると、子どもはやる気になります。
　今回なら、ありがとうレンジャーの場面がそうです。ここで楽しくほめながら全員をやる気にさせます。
　あとは、声の大きさや間の取り方、合奏のテンポなどをそろえれば完成です。

チェックリスト

□　「全員に役割があること」を教師が意識し、子どもにそれを語っていますか
□　ウケを狙わず、６年生に感謝の気持ちを伝えられる出し物にできていますか
□　全体練習の前にクラスで練習し、指導の時間を少なくできていますか

学級終いに向けての指導

　冬休みが明けて、3学期を迎えたころ、その学年で過ごす時間ももう残りわずかです。そのとき、どのような方向をめざしていくのかを考えてみましょう。

・最後の最後まで成長させよう

　子どもたちの可能性を信じて、新しいことに挑戦し、最後まで突き進みます。

・今までの成長を大切にしよう

　無理はせず、これまで培ってきたことを、これからもブレないように続けていきます。

・耐え忍ぼう

　もしかしたら、いわゆるクラスが「しんどい」状態です。または毎日の業務に追われ、余裕がない状態です。とにかく無事に最後を迎えられるようにと願うばかりです。

　どの道が正解か、というものはありません。しかし、教師自身が「どうしたいのか」という目的や目標をもつことが大事です。ここで新しい過程にばかり目を向けていては、迷子になってしまいます。

　ちなみに私は「今までの成長を大事にしよう」ということをメインで意識し、

その中で「無理せず」「少しだけ成長」してほしいというスタンスで、3学期を過ごすことが多くなります。

　もう少し詳しく話しますと、授業の進め方、休み時間のルール、係や当番活動、給食、掃除など、普段やっていることを徹底的に積み重ねていくイメージです。業務に追われているなら、いつも通りの方が教師も子どもも心に余裕が生まれます。

　だから新しいことは、無理にはしない。今までのことをじっくり丁寧に。

　しかし、私もそうなのですが、習慣というのは飽きにもつながります。おいしいケーキも毎日はいりませんね。いや、ケーキなら毎日いけるって人はいるかもしれませんが（笑）。

　飽きにつながらないために、たいそれた新しいことではなく、「ちょっとした工夫」で楽しさを生み出せたらなと思います。

　ここでは私が学級終いに向けて行った、実践や考え方をいくつか紹介します。

ステップ 1 　おススメ実践

・カウントダウンカレンダー
　学級解散に向けて1人1枚ずつ書いていきます。
内容としては、

　・○年生最後の日まで残り○日
　・こんな○年生（次年度）になりたい！
　・みんなへのメッセージ

この3つとなります。

　書かれた内容は、その日の帰りの会で書いた人が読み上げます。今いる学級の最後を意識し、みんなへのメッセージを語る姿は胸を熱くさせるものがあります。

　書いたカードをどんどん増やして掲示していくパターンもありますが、私は最初に全部掲示して、毎日1枚ずつ取り外していくようにしています。カードが減っていくことで、学級解散への寂しさをより感じることができます。

・**スーパーハッピータイム**（詳しくは４章「子ども同士のつながりづくり」）

・**達成ゲーム**
　①１枚紙を用意（私は学級通信の裏側に書かせて保護者にも見てもらいやすくしています）
　②この１年間でできるようになったこと、学んだことをひたすら書き込む
　③個人で書いたあとは、ペアで発表し合い、続いて班で、そして全体で発表。教師は黒板に書き込み、子どもたちは「たしかに、それもできるようになった」と思えれば書き加える
　④たった１年でここまで成長することができたのは自分と、友だちや家族の支えがあったからこそというような、自分に自信をもてる、自分を好きになる語りを行う

・**１年生へタイムスリップ（６年生実践）**（渡辺道治氏実践追試）

　① ６年生を、１年生の教室に連れて行き席に座らせる（１年生のいない６時間目など）
　② ６年担任はパペットなどを持ったり、大袈裟にほめたりと１年生の担任のキャラになって６年生に接する
　③ 国語「大きなかぶ」をみんなで読む（１年生らしいスピードで）
　④ ６年生の教室に戻り、机や教科書の文字の大きさの違いを確認
　⑤ 入学してから約2000日経ち、自分の努力の積み重ねと、たくさんの支えがあったことに気づかせる

ポイント 目的とふり返りを必ず確認する

　どの実践も、なぜそれを行ったのかという目的をはっきり伝え確認すること、そして行ったあとに、どのように感じたのかという、ふり返ることが重要になってきます。

ステップ2 大事にしたい考え方

・時間の意識

　３学期ならではの声かけがあります。

　・カウントダウン式の声かけ

　前ページの「カウントダウンカレンダー」のように残りの日々を大切にするために使います。

　「もう○日しかありません」「あと○日がんばろう！」

　このときの日数は、学校に行く（出席する）日数で伝えます。その方が残り時間の貴重さを感じられます。

　・カウントアップ式の声かけ

　毎日、同じような日々が繰り返されていきますが、大事な大事な積み重ねと捉えられるようになります。カウントアップをすることで時間の経過の重みとそれに伴う自信を意識することができます。

　「もう270日も○年生としてがんばってきたんだから自信をもって！」

　ここではカウントダウン式とは違い、始業式からの日数（土日や夏休みなども含まれる）で伝えることで、より長く自分たちががんばってきたことを感じることができます。

・次年度への意識

　「Ａさんと同じクラスがいいな」「だれが担任の先生になるのだろう」

　１つ上の学年に進級するとき、楽しみや不安などいろいろな感情が生まれるでしょう。

　そんなとき、次の学年に希望をもたせることが教師の役目だと考えます。

私はよく「学校のために働く」意欲を高
める語りを行います。

　登校班、縦割り班、運動会、行事の椅
子並べ、低学年のときなど、「今まで先
輩のお兄さんやお姉さんにどのようなこ
とでお世話になったのか」を考えるよう
にします。エピソードを交えるとよりよ
いでしょう。具体的であればあるほど響
きやすくなります。

　そこから子どもたちに「あなたたちは
どんな○年生になりたいですか？」と聞き、来年度への期待を高めます。

　６年生の場合だと、卒業式について「なぜ卒業式をするのか」という目的を
明確にした上で、「どんな卒業式にしたいのか」という目標を立てることをし
ます。

　また、なるべく次の学年の情報を伝えることも大切です。どれだけ伝えても
不安が消えないという子もいるでしょう。それでも「なんとかなる！」「あな
たたちなら大丈夫！」と勇気づけることも必要となってきます。

　そして「今が一番楽しい！　と思えるような○年生の生活を送ってほしい」
と教師の願いも伝えましょう。

・先の見えすぎお先まっくらにならない

□行事（６年生を送る会など）の準備	□会計を締める
□授業の進度調整	□教室片づけ（□掲示物外し　□作品持ち帰り）
□特別支援の書類記入	□出欠統計（終了式前日）
□ラスト参観・懇談の用意	□通知表印刷
□まとめのテスト	□教室備品、教科書・指導書・副読本の点検
□成績（一覧）をつける	□校内研究などの、自身の反省やまとめ
□所見の下書き	□自身の校務分掌のまとめ
□通知表作成（出席統計以外）	□学校（管理職）評価
□指導要録の記入	□クラス分け
□クラス分け短冊の記入	□来年度の学年・分掌の希望提出
□お別れ会の話し合い・準備	□来年度の予算や行事の引き継ぎ資料の用意
□お別れ文集やメッセージカードの作成	□来年度の校外学習の予約
□学級通信最終号の準備	□春休み動静表の提出
□「春休みのくらし」作成	□春休みを楽しみまくる計画を立てる

図　年度末に向けてのやることリスト

以上のように書き出してみると、学級終いとなる時期はやることが多すぎて、心の余裕がなくなるように感じます。

「先の見えすぎお先まっくら」といった学者の言葉があるように、意味は、先がまったく見えないのは不安だが、やるべきことばかりを考えていたら余計な重圧でやられてしまうということです。

　心に余裕がなくなると、まずは言葉が荒れてきます。

「もうすぐ○年生になるのに！」「高学年になる自覚をもって！」

　このような叱責の言葉では、子どもたちのやる気には火がつきません。

「なるようにしかならない」と思って、深呼吸し、自分のペースで目の前の仕事に取り組むことが精神衛生上、一番いいと私は思います。

ポイント　1年間の締めくくりを気持ちよく

　今までできていたことが、できなくなるときもあります。「この1年で身につけた力を発揮してほしい！」。そのような思いがあるのもわかります。しかし、1年間の締めくくりを、叱って終わらせたいですか？　子どももきっと叱られて終わりたくないはずです。

　このようなときは、「一声かけてあげよう」「そういうときもあるよね」と思えたり、新しいことが上手くできなくても「急にできるようになるものじゃないよね」と切り替えたり、心にゆとりをもつことが大切です。

まとめ

　私の好きな言葉に「最後はハッピーエンドに決まっている」というものがあります。さらなる成長も、次への準備ももちろん大切です。しかしそれ以上に、「楽しかった！」と現状に満足することが一番なのではないでしょうか。

　みなさんの学級の締めくくりが、素敵なものとなることを願っています。

教師になってみて〜3学期編〜

「かしこくちょうせん、なかよくことば」

　この1年を通して、これほど助けられた言葉はありません。いわゆる4月"黄金の3日間"で語った言葉です。スタプロの一番はじめの講座で、この実践を学びました。「子どもたちが素直な4月に価値づけの軸となる合言葉を子どもたちと共有する」。子どもたちとの関係づくりに不安を抱いていた私の心にすっと落ちていったことを鮮明に覚えています。

　ある日の2時間目の体育の時間、並んでいるときのことです。子どもたちは、キョロキョロしたり、下を向いたり、土遊びをしたり……。並び方の指導が必要だと感じました。3時間目の授業開始1分前に黒板の前に立ち、まわりを見渡すと子どもたちも少し真剣な表情になりました。授業開始のあいさつをしたあと、このように語りました。

「よい姿勢をしてごらん（〇〇さん今からする話は真剣な話だからよい姿勢で聞いて欲しいな）。今日の2時間目は並んで立っている時間が長かったよね。みんなどうだった？　『暑かった』『疲れた……』。そうだよね。とっても暑かったし、長く立ってるのって疲れるよね」

「このクラスの合言葉なんだっけ？」
「かしこく？」
「ちょうせん」
「なかよく？」
「ことば」

「先生は今日、みんなはもっと挑戦できたと思うんだ。みんなに力があること先生は知っているからさ。なんだと思う？」

「……先生の目を見て、まっすぐに立つ！」

「そうだよね、暑くて疲れてきてもそれに挑戦できたらもっとかしこい〇年〇組に
なれるんじゃないかな？　他の先生もあのクラス挑戦しててかっこいい！　って思
ってくれるんじゃないかな？　明日も体育あるよね、みんなこれに挑戦してみない？」

「挑戦する！」

「〇〇さんありがとう。他の人はどうする？」

「挑戦する！！！！」

「よし、じゃあ明日がんばろうね！　挑戦するみんなはかっこいいし、先生も大好
　きだよ」

　次の日、前日よりは並ぶ姿勢がよくなりました。子どもたちといろいろな話をして
きた1年間でしたが、結局4月に語ったこの合言葉の効果は絶大で、子どもたち
のトラブルにも効果的でした。不安だった子どもたちとの関係も、想定したより上
手くいった感覚があります。困ったときはこの合言葉に戻ることで、考えを整理す
ることができ、子どもたちへの語りに説得力をもたせることができた気がします。

「かしこくちょうせん、なかよくことば」で共に成長してきた子どもたち、終業式
でも立派な姿勢を見せてくれることでしょう。

　クラスを育て、私を育ててくれたこの合言葉が今後も彼らの心の片隅に残り、さ
らなる成長を遂げてくれることを願います。

第 **4** 章

学級経営
マインド＆スキル編

子どもの見取り

　学校現場では、「子ども理解」という言葉や「子どもの実態」として共通の理解が求められます。

　担任として、学級の30人の子どもたちと接しますが、その中に同じ子どもはだれ一人としていません。

　それぞれの子どもが教室にいる目的や、一人ひとりの思いを理解するということは、子どもたちの視点から見取りを行う必要があると言えるでしょう。

ポイント 1 客観的事実を捉える

　子どもたちの言動を客観的に記録していきます。

　例えば、「こんな発言があった」「こんな行動をした」という具体的な事実を記録します。

・プリントを配ったときに、「めんど」「だるっ」のような呟きがあった
・ゴミを捨てにきたときに、近くに落ちていたゴミもサッと拾って捨てた
・友だちから借りた消しゴムを投げて返していた
・ノートを提出したときに、出されていたノート数冊をまとめてそろえた

　その際、その行動が良いか悪いかといった判断はせず、「なぜそのような行動をとったのか」「どのような気持ちでいたのか」を理解しようとすることが重要です。

　また、学習に関する情報も記録することが大切です。文字の書き方やノートの取り方、ペーパーテストの得点などを把握しましょう。

　さらに、友だち関係やグループ活動の様子も観察し、細かくメモを取っておくことをおススメします。

　日々の観察を通して、学級全体を把握することができます。

よく「宿題をしてこない」「暴言を吐く」といった行動は、表面的な問題点として不適切に捉えられがちです。

しかし、その背景にはなぜそのような行動をとるのか、子どもたち自身の思いや状況があるはずです。

単に行動の評価をくだすだけではなく、子どもたちの立場になって、意図や背景を想像してみましょう。

例えば「宿題をしてこない」場合でも、できない理由や考えがあるかもしれません。「習い事が忙しかった」というような、物理的に時間が確保できない場合があるかもしれません。弟や妹が生まれたばかりで、家庭環境的にお手伝いが強いられ、勉強どころではない子も担任したことがあります。

また「お手伝いをしてくれる」子も、実は友だち関係や学級内での立ち位置に悩んでいるかもしれません。深く付き合う友だちがいないために、教師を拠り所にしている場合が考えられます。「外でみんなと遊んできなよ」という言葉は、逆に子どもを傷つけてしまう可能性があります。

このように、行動の裏にある子どもたちの思いや背景を理解することで、より深い子ども理解が可能となるでしょう。

チェックリスト

- □ 子どもたち一人ひとりの言動を客観的に記録していますか
- □ 子どもたちの学習様子や評価を記録していますか
- □ 友だち関係やグループ活動の様子をメモしていますか
- □ 観察記録を通して学級全体の特徴を把握していますか
- □ 行動の背後にある子どもたちの思いや状況を想像していますか
- □ 表面的な判断だけでなく、子どもたちの立場になって考えていますか

子どもの聴き方指導

「聴く指導」は、学校教育の中でとても大きなウエイトをしめます。学級経営と「聴く」ということは密接に関連しているのです。

想像してみてください。勇気を出して一生懸命思いを語ったときに、周りが雑談する姿ばかりで、あなたに対して無反応だとしたら……。あなたは大切にされていると感じますか？　次も語りたいと思いますか？

耳を傾ける所作は心や気持ちを傾けることであり、その人のことを知ろうとする意思表示でもあります。つまり、「聴く」ということは、「相手を受け止める」ということなのです。

安心した自分の思いを受け止めてもらえる心地よさを感じた子どもは、自分の思ったことをもっと伝えたいと感じるでしょう。

「聴く」ことを育てることは、「話すこと」を育てることにもつながるのです。そうして次第に、受けとめ合う集団へと成長していくのです。そのための第一歩であり、要となるのが「聴く」ということです。

ただし、子どもたちは勝手に「聴ける」ようにはなりません。きちんと「聴く」指導をする必要があるのです。

ステップ 1 聴こうという意志をもたせる

　人間の耳には多くの音が聴こえてきています。音を聴いているのは耳ですが、音を認識しているのは脳です。聴こえた音をすべて認識しようとすると情報量が膨大となり、脳が処理しきれなくなってしまいます。

　そこで人間の脳は、自分にとって必要かどうかを瞬時に判断し、選び分けています。騒がしい場所であっても、自分の興味・関心がある話題は自然と耳に入ってくるという経験があるのではないでしょうか。

　こうした脳の働きによって、人間はどんな状況でも自分が聴こうと思った音を聴き分けられるのです。聴こうという意志がないと、音は聴こえていても聴いていないということになるのです。このような話をすることで、聴こうという意志の大切さをまず、子どもたちに語りましょう。

ステップ 2 よい聴き方を子どもたちと考える

　私のクラスでは、右のような「聴き方名人あいうえお」を掲示しています。
　これを掲示する前に、

・どんな聴き方だと
「受け止めてもらえている」
　と感じるのか
・どんな聴き方がよいのか
・どうしてそうする必要があるのか

聴き方名人 4〜6年生
あ いてに 体を 向けて
い いたいことを 考えながら
う まく メモを 活用して
え がおで 反応
お やっと 思えば 質問を

などを子どもたちと一緒に考えます。
　そして、授業の中でよい姿があったら「おっ、いいねー！　聴き方名人の"あ"ができているね！」「笑顔で反応している〇〇さん！　聴き方名人だねー！」などと、価値づけをしていきます。

ステップ 3 教師自身の話し方を鍛える

　教師は子どもたちにとって、言語環境そのものです。教師の話し方次第で、子どもたちの聴く姿は大きく変わります。

　私が意識している点は大きく3つあります。

　1つ目は、話し方に緩急や強弱をつけることです。一定の調子で話すと退屈になります。あえて小さい声で話したり、急に驚いた声をあげたりするのも技の1つです。

　2つ目は、子どもの発言に対してオウム返しをしないということです。オウム返しをしてしまうと、子どもたちは友だちの話を聴かなくなります。オウム返しせずに「今、〇〇さん何と言った?」と子どもたちに問いかけたり、「今、先生感動した!　どうしてかわかる?」と投げかけたりすることで、より友だちの意見を聴きたいと思えるようにします。

　そして3つ目は、「笑い」を入れることです。小さなことでいいのです。「この先生の話を聴いているとわくわくする」という気持ちをもってもらうことです。間の取り方やつっこみ方など、落語や漫才などのお笑いから話し方のヒントを得ることは多くあります。

　またボケていると、ツッコミが入るようになります。ツッコミをするということは、「話を聴いて、反応している」ということです。「話を聴いて、言葉に反応」し、自分の言葉で返すという経験が子どもたちの聴く力にもつながっていきます。

ステップ 4 絵本の読み聞かせをする

　どんな子どもたちも絵本を読み聞かせると、じっと聞き入ってくれます。落ち着かない子も、「絵本なんかいやや」という子も、読みはじめるとじっと聞いているのです。離れていても、意識は絵本にあるから「聴く」のです。

　絵本には「楽しさを共有できる」というメリットがあります。みんなで一緒

に聴き合い、楽しさを共有することで、自然と一体感が生まれます。

　また、教師の思いを代弁し、伝えてくれるのも絵本です。教師が語るとお説教のように感じる子どもたちも、絵本のメッセージだと素直に聴き、受け止めてくれます。

　ぜひ、教師の思いを代弁し伝えてくれる絵本を、たくさん読み聞かせてみてください。

チェックリスト

- □ 「聴くことは相手を受け止めること」という意識をもっていますか
- □ どんな姿がよいか、理想とする聴く姿のイメージをもてていますか
- □ 子どもの話を最後まで反応しながら聞けていますか
- □ 自分の話し方を録音して聞いてみましたか
- □ 自分の話し方のクセを見つけましたか
- □ 自分の話の中に笑いは入っていますか
- □ 読み聞かせたい絵本を見つけましたか

語り

　日々、教育活動を行う中で一番気になることは、やはり子どもの生活態度です。良いこともあれば、悪いこともあります。ほめることもあれば、叱ることもあるでしょう。

　子どもに対して懸命に向き合っているからこそ、よい方向へと導きたくなるのが教師の性分です。しかし、なかなか伝わらず歯がゆい経験をした人もたくさんいると思います。

「何度、注意してもきかない……」

「どうしてわかってくれないんだろう」

「どうすれば、やる気を出してくれるかな」

　トップダウン的に教師が「〜しなさい！」「こうあるべきだ！」と言ったところで、なかなか子どもの心には届きません。

　では、どのようにしたら伝わるのか。そのヒントとなるのが「語り」だと思っています。

　教師の紡ぐ言葉を通して、子どもが物ごとを肯定的に捉えられる、子どもが興味を示す、子どもが共感する、子どもが感謝をする、子どもが目標をもつ、子どもが選択できるようになる、子どもが自己をふり返られるようになる、など心に深く響くメッセージとして働きかけることができます。

　ここでは、どのようにして、どのような言葉で語るのか、そのエッセンスを紹介します。

ステップ 1 いつ、どのような目的で語るのか

　語りは未来に向けて、よい行動を起こしたり、悪い行動を予防したり、今までの自らの行動や言葉、クラスの状態などを省みたりと様々な効果があります。

　朝一番に語るのか、問題が起きそうなときに語るのか、問題が起きてから語るのか。

一人ひとりに語るのか、全体で語るのか。

語りで伝えたいことも、様々なパターンがあります。

・優しさや思いやり　　・努力　　　　　　・協力やチームワーク
・感謝　　　　　　　　・誠実さ、素直さ　・自分を大切にする
・ルールを守る　　　　・自然を大切に　　・家族愛

子どもたちにどのようなことを伝えるための語りなのか、を意識してみましょう。

ステップ 2　場を整える

語るためには、語るための環境をつくらないといけません。

いくら教師がすばらしい話をしていたとしても、周りが騒がしかったり、何か作業の最中であったりすると、伝わるものも伝わりません。まずは子どもたちが聞くための場を整えます。

私はよく次のような声かけを行います。

「みなさん、今から大切な話をします。静かにしましょう」
「机の上のものはすべて片づけます」
「手はひざの上におきます」
「もう一度言います。今から大切な話をします」
「目を見て聞いてください」

ステップ 3　語りのレパートリーを増やす

語りのネタは無限にあります。

絵本や物語から、日常の出来事から、ニュースや新聞の時事ネタから、専門家や偉人から、個人的な経験からなど、子どもたちに伝えたい内容、伝えられる内容は多岐に渡ります。

大事なことはどれだけ語りの引き出しがあるのか、そして、それをもち出すタイミングが合っているのかということです。

また、異なる語りをつなげることでより深く伝えることもできます。

・素直に受け入れる心を育む「心のコップ」

　今さっき、「えぇ〜」や「どうせ無理」「できないよ」という言葉が聞こえてきました。

「心のコップ」というものがあります（イラスト参照）。

　心のコップが下を向いている人がよく使う言葉は、「でも」「だって」「どうせ」「できない」です。「4D」とも言います。こういう人は、周りの人のアドバイスも耳に入りません。下を向いたコップに水を注いでもこぼれるのと同じで、自分に起きた良いことも悪いことも、吸収できません。いつも何かに対して不満を抱いて、考え方が後ろ向きで、やる気がもてません。

　でも心のコップが上を向いていると、人から教えてもらったことがどんどん心にたまっていきます。コップが上を向いている人は、生き方や態度、考え方が素直で、前向きで真剣です。

　あなたは、"何でも否定的に捉え、いつもネガティブな態度をとる人"と"どんなことでも共感や理解しようとしてくれて、いつも前向きな人"、どちらが好きですか？　どちらと仲よくなりたいですか？　私は後者を選びます。そのような人は周りから好かれ、どんなときでも応援してもらえます。まずは、心のコップを上に向けましょう。どんなことでも素直で前向きな気持ちで受け止める。それが大きく成長し、より人生を楽しめることができるコツです。

・がんばってもなかなか伸びない子に「努力のつぼ」

　人は、何かはじめようとか、今までできなかったことをやろうと思ったとき、神様から「努力のつぼ」をもらいます。

　そのつぼはいろいろな大きさのものがあります。しかも、人によってかたちも異なります。

　みんながつぼに一生懸命に努力の水を注いでいきます。そうすると少しずつたまって、いつか努力があふれるときが来ます。それが、できなかったことができるようになるときです。だから休まずつぼの中に努力を注いでいけば、いつか必ずできるときが来ます。

　しかし困ったことが1つ、それは努力のつぼの大きさがわからないということです。あと1日努力すればできるようになる、そんなふうにわかればよいのですが、それはわかりません。だから大切なのはあきらめないことです。もしかしたらあと1歩かもしれないのに、あきらめたらそこで終了です。

　これまでの努力は、間違いなくツボにたまっています。あきらめず、休まずに努力を続けていれば、いつか必ずあふれるときがきます。

　つぼからあふれ、乗りこえることができたとき、そのとき、まだできなくて困っている周りの友だちに、水を分け与えることのできるヒーローになれるのです。自分を信じてあきらめずに挑戦していきましょう。

・仲間と学び合う「福沢諭吉の勉強法」

　１万円札に印刷されている福沢諭吉を知っていますか？

　福沢諭吉は海外のことを学ぶためにオランダ語を毎日勉強していました。しかし時代が変わって、英語が主流として使われるようになったとき、たいへんショックを受けましたが、とりあえず英語を勉強してみるかという気持ちになれたそうです。

　では、そのために福沢諭吉はどのような行動をとったのでしょう。答えは「友だちをつくろうとした」です。

　深く学ぶコツは、他の人に教えてみることです。他の人に教えらえるようになったら、もう一人前です。そのためには、とにかく人に話すことが大事です。人に話すと覚えられます。また、わからないことがあれば聞くことができたり、やる気が出なくなったときに励まし合ったりすることで集中力も身につきます。友だちと助け合うことが、学びを深めていく一番の近道かもしれませんね。

・協力することでわかる「学校に来る意味」

「〜について気づいたことをノートに書きましょう（答えがたくさん出る問題）」

「ひとりで何個かけましたか？」

「では、次に隣の人と話し合いしましょう」

「何個書けましたか？」

「次は班の人と協力してみましょう」

「何個書けましたか？」

「ではそれぞれの班からどんどん発表します」

（板書し、黒板を文字でいっぱいにする）

「1人の力より2人の力、2人の力より4人の力、そして4人の力より……？そう、クラス全員の力。みんなで意見を出し合えば大きな力になります」

「勉強は1人でもできますが、限界があるかもしれません。こうやってみんなで協力し合えば、とてつもない大きな学びになります。これが学校に来て勉強する意味の1つですね」

ポイント　合言葉をつくる

　語った上で、短くわかりやすい合言葉をつくると子どもの中で忘れにくくなります。また、同じような出来事があったとき、合言葉を用いて話すことで、内容や伝えたいことがブレずに話すことができます。

　例）「4Dやめて、まずはチャレンジ」「みんなでやればこわくない」

ポイント　具体物を用意する

　語るときに、その話に関係する写真や画像などを用意すると理解されやすく、伝わりやすくなります。教師が絵や図を黒板に描くのもいいでしょう。

　具体物があることでイメージしやすく、また子どもたちに集中力を保たせたまま、視線は絵や図に向けられるので、話すことに緊張する方にはおススメです。

> **まとめ**
>
> 　どれだけいい語りをしても、冒頭で書いたように「〜はこういうものなんだ！」と押しつけにならないように注意しなくてはなりません。
> 「〜ということから先生は○○が大事って思うけどみんなはどう思う？」
> 「これから○○を大切にできる人が増えたらいいなと先生は思います」
> 　子どもたちに選択する余地を与えることが大切です。

価値づけ

　価値づけの基本は"認める"ことです。子どもの行動を具体的に認め、ほめることで、価値づけをするのです。

　例えば、「鉛筆を置きましょう」と指示を出したときに、必ず「あ、先生が何かしゃべるな」と察して、静かにこちらを見てくれる子がいます。そんなときにすかさず、「先生が話はじめるなと思って、静かに話を聞く雰囲気をつくってくれているね。ありがとう」「話を聞く準備ができているよと目で合図してくれているね。伝わってくるよ。ありがとう」と返します。

　子どもたちの中にはそこまで考えていない子もいるかもしれません。しかし、このように子どもの姿を具体的に言語化し、行為を価値づけてほめるのです。

　このように価値づけをすることで、ほめられた本人の自己肯定感を育むことはもちろん、聞いているまわりの子どもたちも「どんな姿が素敵なのか」を学ぶことができます。

　教師の価値づけの言葉の中には、今日の願いや学級の方向性、基準を示す言葉が多く含まれているのです。価値づけの方法はたくさんあります。

　ここでは、私が行っている方法を紹介します。

・学級全体の前でほめる
　「今日、こんな姿がありました」

・独り言のように大きな声でつぶやいてほめる
　「○○さんの字、丁寧だな」

・その子のそばに行き、そっとほめる
　「勇気を出して発表できたね」

・直接ではなく、第三者に話すようにしてほめる
「今日の○○さんの発表の声、いつもより大きな声で、聞きとりやすかったよね」

・他者からの評価としてほめる
「○○先生が、委員会のときたくさん意見を言ってくれて助かったって言っていたよ」

・ノートや日記のコメントの中でほめる
「今日ごみを拾ってくれていたね。見て見ぬふりをせず、自分から動く姿がかっこいいよ」

・朝、黒板にメッセージを書いてほめる

・一筆箋を使い、保護者への手紙の中でほめる
「今日こんな姿があり、うれしくなりました。お家でもお話聞いてあげてくださいね」

・アイメッセージ（教師の気持ち）で「ありがとう」をたくさん伝える
「元気に学校に来てくれて本当にうれしいよ。ありがとう」

全体の前でほめられることがうれしい子もいれば、ほめられて目立つことをいやがる子もいます。一人ひとりの思いに寄り添ったほめ方や、場に応じたほめ方ができるように心がけています。

　価値づけの方法は言葉で伝えることばかりではありません。言葉にしないほめ方もあると考えています。

　・目線を合わせて、うなずく

　・目線を合わせて、にっこり笑う

　・ハンドサインで「Good！」や「OK！」を伝える

　・肩にそっと手を置く

　・ノートに花丸をつける

　・ハイタッチをする

「子どもたちをたくさんほめるぞ！」

これは多くの先生が決意することです。

しかし、ほめるということは目的ではありません。大切なことは「何のためにほめるのか」ということです。私は、広がってほしいなと思った行動に対して、声をかけます。

そのためには、「こんな姿になってほしい」「こんな学級にしたい」という目標をもっていないと、子どもたちの行為を見逃してしまいます。例えば、「友だちを大切にするために、元気なあいさつをしてほしい」と思っているからこそ、元気よくあいさつしている子どもに対して「相手を元気にするあいさつだね」と声をかけられるのです。こちらが意識していないと、どんなに素敵な姿も見逃してしまいます。

価値づけることは、いわば"種まき"です。めざすべき姿をたくさん価値づけることで、学級全体にその種がまかれます。そして、価値づけを続けていると次第に教師の言葉が学級の文化となり、子どもたちの言葉となって学級にあふれていきますよ。

まとめ

価値づけるためには、ほめ言葉をたくさんもっていることが大切です。今どんなほめ言葉が浮かんでいますか。ぜひ、ノートに書き出してみてください。私は先輩に教えてもらって、ほめ言葉ノートを作成し、どんどん書き足していっています。おススメですよ。

〈あ〉
・ありがとう！
・圧倒的だね！
・安心感があるね！
・あっぱれ！
・新しいね！

励まし

A 「相手チームは強いから今回はダメかもしれないね。次があるよ」
B 「今日に向けて今まで練習がんばっていたね。力をふり絞れ！」

　あなたなら試合の直前に言われるとしたら、どちらの言葉がけがいいですか。多くの人がBを選択すると思います。私もBを選択します。

　これは、Bの言葉には励ましの意図があるからだと考えられます。励まされたことにより「試合をがんばるぞ！」と、やる気も湧き起こります。Aのように否定的な言葉かけはだれにでもできます。一方、Bの励ましはこれまでの取り組みを知らなければ言うことができません。

そんな励まし（時には激励）は、学級経営にとっても必要不可欠なものです。

　子どもに身近な大人として、一人ひとりの取り組みを認め、成長を願い、励ましの言葉をかけることは先生としての重要な心得だと思います。

　その励ましが子どものやる気を湧き起こし、次の行動へとつなげていきます。だからといって、ただ子どもを励ませばよいという訳ではありません。

　子どもの実態や先生の意図に合わせて、励まし方を工夫させます。思いついたことをそのまま伝えるだけなら、だれにでもできてしまいます。工夫があるからこそ、先生として子どもの成長にも大きな影響を与えます。

　子どもに伝える上で考えられる工夫を紹介します。

　まず、集団か個別のどちらに向けて言葉をかけるのかで効果は変わります。集団としての成長や子ども同士の相乗効果を狙うなら前者です。

　ですが、学年にとって自分は関係ないと思ってしまう子どももいます。そのため、個別に励ましの言葉をかけることが有効な場面もあります。例えば、私は高学年の女の子には個別に伝えることが多いです。

　さらに、励ましの言葉をかけるタイミングも重要な視点です。何かの行動に対して励ますときは、その行動の直後であることが多いですが、先生の意図によっては、あえて休み時間や翌日にすることも考えられます。

　そのときの言葉選びもポイントになります。

「いいね！」や「がんばっているね！」といった一般的な言葉をかけるのか、「さっきの算数で、問題に正解するまで何度もチャレンジしていたね」といったように、具体的に言葉をかけるのかによっても子どもへの効果は変化します。

　こういった工夫を行うからこそ、"だれにでもできる励まし"から、"担任であるあなたにしかできない励まし"になっていきます。

まとめ

　先生からの励ましは子どもの成長にとっても大切な言葉です。子どもの実態やあなたの意図に合わせて励まし方を工夫することで、あなたにしかできない「励まし」に変えていきましょう。

叱り方

　子どもたちの素直さを引き出し、子どもたちが正しい方向へ力を発揮し、子どもたちが自ら成長していく。これが、叱ることの効果ではないでしょうか。

　しかし、教師が「叱った」つもりでも、子どもたちが「怒られた」と表現することがあります。子どもたちにしてみれば「ダメ出しをされた」「小言を言われた」「感情任せに注意された」というネガティブな印象しか残っていないのでしょう。

　つまり、「叱る」という言葉は主観的であり、教師の伝え方によって子どもの捉え方は変わります。どんな言葉を選んだのか、どんな口調で話したのかによって「怒られた」にもなり得るのです。

ポイント 1 すべてが「成長のチャンス」だと受け止める

「ピンチはチャンス」という言葉があります。どんな困難も、考え方によってはチャンスになるという意味です。

　しかし、教室にピンチは存在しません。すべてがチャンスです。特に「叱る」場面では大きな成長しか期待できません。伸びしろしかないチャンスこそ叱る場面です。

　常に「このトラブルから学べることは何か」「このチャンスでどんな成長ができるか」と考えるようにしましょう。

　よく、「どうやって叱ったらよいか」と相談を受けることがありますが、話をよく聞いてみると、「どうやって上手く収めようか」と着地点を探している場合がほとんどです。

　しかし、「ここ」という着地点はありません。「こんなことが学べたね」「こういう成長ができたね」という共通理解でよいのです。

　叱ることは、決してだれかを悪者にしたり、子どもを追い詰めたりする時間のことではありません。

ポイント 2 短く、シンプルに伝える

長尺のお説教は、大人でも耐えられないものです。それが正しければ正しいほどそうです。

叱られているとき、一番深く反省しているのは子どもです。「やってしまった」「もう二度とするまい」と言葉にせずとも心に刻んでいるはずです。

ですから、長尺のお説教は教師の自己満足にすぎないのです。

・何がよくなかったのか
・なぜよくなかったのか
・今どのような気持ちか
・今後どうすべきか

などをサッと確認し、担任からは「何が学べたのか」「このチャンスをどう活かしていくか」をシンプルに伝えます。

最後に、「成長のチャンスをつかめてよかったね」と伝えるようにします。

ポイント 3 匙を投げない

ここまで、きれいなことをたくさん書いてきましたが、簡単に子どもたちが変容し、成長しているのであれば全国の子どもたちが素直になっているでしょう。

そうでないということは、叱ったところで簡単に子どもたちは変わらないという前提に立つ必要があります。

変わらないからこそ、私たちは言い方を変えてみたり、言葉を選び直したりします。伝えるタイミングを見計らったり、効き目のある瞬間を探ったりするのです。変わらない子どもの責任にせず、私たちの指導のあり方を何度でも見つめ直したいものです。

チェックリスト

□ 教室のピンチをチャンスに捉えていますか
□ トラブルを学級の成長につなげていますか
□ 短く、シンプルに叱っていますか

子ども同士のつながりづくり

「小学校に行くことのよさは？」

　そう聞かれると「友だちに会えるから」と答える子どもは多いと思います。子ども同士のつながりを築くことによるメリットを考えてみました。

・コミュニケーション能力が身につく
・共感力や思いやりの心が育つ
・自己肯定感が向上する
・ルールやマナーを学ぶ
・新しい発見や可能性が高まる
・ストレスが軽減する
・何より楽しい

　子ども同士のつながりは自然に生まれる場合もありますが、その一方で教師の関与や配慮があると、よりよい友情や新しい交友関係に発展できる可能性が高まります。

　ここでは、私のおススメする子ども同士のつながりを生む実践を、いくつか紹介します。

ステップ 1 生活の中で関わらせる

・あいさつ指導

　あいさつをする理由を子どもに考えてもらいましょう。たくさんのよさが発表されると思います。どのようなことでも「何のために」という目的を確認するだけで行動が変わってきます。

　あいさつの目的を確認した上で、あいさつゲームやミッションにしてみましょう。

・先にあいさつしたほうが勝ち
・より多くの人にあいさつしたほうが勝ち
・１分で10人とあいさつしましょう
・あいさつのあとにハイタッチしましょう
・あいさつのあとジャンケンをして３人連続勝つまで
・男女それぞれ５人以上とあいさつをしましょう

　楽しむあいさつ指導は私の学級経営において大きなウエイトをしめています。

・手紙の受け渡し
　たった１枚のプリントを後ろの人に渡すことだけでも、やり方を教えないと子どもはできないものです。
　手渡すときは「どうぞ」。受け取るときは「ありがとう」。「どうぞ」は思いやり、「ありがとう」は感謝を表すことを教えます。たった１秒でできるこの取り組みの大切さや積み重ねることの重要さを、子どもたちに伝えましょう。

　　○プチレク：なりきりレター
　　　お題を決めます。例えば「アンパンマン」にすると、手紙を渡すときに「カレーパンマンどうぞ」「ドキンちゃんどうぞ」と適当にキャラの名前をつけて渡します。「バイキンマン」は響きがイヤなので絶対に控えましょう（笑）。たまに行うと盛り上がるレクです。

・休み時間の遊び相手
　よく行われているのが「みんなあそび」と呼ばれるクラスみんなで遊ぶレクリエーションです。
　ほかにもこちらから遊ぶ内容を指名します。
　　・班あそび　　　・列あそび　　　・係あそび　　　・給食当番あそび
　強制するのはどうかという意見もあるでしょう。しかし、様々な友だちとの交流の機会をもつことのよさを考えさせ、体験することも大切です。私は異なる興味や才能をもつ仲間とふれ合う機会を提供するのも、仕事の１つだと考えています。
　最初は、遊び場所や、遊び内容を教師が提供するとよいでしょう。

・より多くの席替え

　子どもたちは席替えが大好きです。必然的にたくさんの友だちと関わることのできる席替えは、子ども同士のつながりをつくるのに最適です。私の学級は2週間に一度席替えを行います。

　そのときに子どもたちに大切にしてもらうことが、表現や声かけです。「いやな顔が見えたり、えぇ〜という声が聞こえたりしたらもう席替えは一生しない！」と釘を刺し、席替えしたあとに「嘘でもいいから新しい班のメンバーに笑顔で『最高のメンバーやん』と言いなさい」と伝えます。強制ですが、みんなニヤニヤ楽しそうにしています（笑）。

〇プチレク：サイコロトーク

　　机を寄せ合い、新しい班のメンバーと向き合います。サイコロをふって1が出たら好きな食べ物を発表、2が出たら好きなスポーツを発表のように、それぞれのサイコロの目にお題をつけます。このお題は教師が決めても、子どもが決めてもよいでしょう。それぞれのサイコロの目にお題をつけて、班のメンバーと順番にサイコロをふって話をするレクです。

ステップ 2 授業の中で関わらせる

・対話を中心にした授業

　子どもたちは１時間の授業でどれだけの対話活動を行っていますか。

「隣の人と答えが同じか確認しましょう」
「隣の人と考えをたくさん出し合いましょう」
「隣の人に、今のどう思う？　って聞きましょう」
「隣の人に、○○についてくわしく教えて！　と言いましょう」

　１回の授業で５回の対話を行えば、６時間授業の日だと１日で30回もの関わりをもつことができます。単純接触効果（第４章「保護者と共育していく学級経営」もご参照ください）により、繰り返し接すると好感度や印象が高まるということもあります。

「ノートに考えが書けた人から立ち上がって交流しましょう」
「できた人は立ち上がって、まだ途中の人に、どこで困っている？　と聞きましょう」
「立ちましょう。５人の考えを聞いてメモできたら座りましょう」

　このように声かけをすることで、移動してもらい、たくさんの人と関わる機会を設けるのもいいでしょう。
　授業の話し合いで大切なことは、問題の正解・不正解だけでなく、話し合いの姿、聞き合う姿、話し合うことのよさ、関わり合う大切さ、みんなで学習する意味など、子どもたちの行動に着目し、プラスのフィードバックを教師が与えることです。

・チームでの学習

　クラス内でグループ活動やチームプロジェクトを行う機会を設けることで、子どもたちは協力し合う必要性が生まれます。共同の目標を達成するために、子どもたちはお互いの強みを理解し合い、異なるスキルやアイディアを結集する体験を通して、友情が育まれていきます。

　ここではメッセージカードを使った実践を紹介します。カードの大きさはどんなものでもいいですが、私はＡ４サイズの紙を４等分したものを使っています。

・シークレットフレンド
　クラス全員（担任含め）の名前を書いたクジを用意します。

①クジを引き、「その人がシークレットフレンド（秘密の友だち）だよ」と教師が伝える
②絶対にだれにもバレずに、クジでひいた人のいいところやがんばっているところ、ありがとうと言いたいことなどを手紙に書く
③１週間後に発表会を行う（相手に手紙を読んでプレゼント）
　１人目だけ指名。あとは順番に（１人目→Ａさんの前に立って発表→Ａさんが引いたところへ→その人が引いた人→……）
　クジには教師も入っているので、「だれからもらえるのかな？」という気持ちだけでなく、「だれが先生に書いたんだろ？」「先生はだれに書いたんだろ？」という楽しみをもつ子も多く見られます。発表会を行っているときはオルゴールなどを鳴らしてムードもつくりましょう
④感想を交流
　ここがとても大事で「もらえる喜び」だけでなく、相手を思って行動し「あたえる喜び」を実感させてあげてください。私の学級では、もらったプレゼントをファイリングして大切に持ち続けている子がたくさん見られました。

・さよならレター
　席替えをする前に、同じ班だった仲間たちにメッセージカードを書きます。「いっしょに○○をしたときたくさんわらいました。○○くんとすごしたまいにちはぜったいわすれません」と書いた１年生もいました。ただの席替え前の話です（笑）。

・スーパーハッピータイム

①手紙を送り合って、みんなでしあわせな時間をつくるという目的を伝える
②班のメンバーにメッセージを書き、次からはだれにプレゼントしてもよい
③「どうぞ」と渡し、「ありがとう」ともらう
④最後にファイリングする

　注意点は以下の４つです。

　・45分しっかり時間を取る
　・返事を書くかは自由だが、返事をもらえたほうが相手もうれしいというこ
　　とを伝える
　・量を意識できるようにする
　・教師がメッセージの添削をしない

ポイント 「もらう」よりも「あたえられる」子へ

「ありがとうを言われるように行動するのも大事だけど、ありがとうを言える
人になってほしい」
「いいね！　と言われる前に、まずはいいね！　と相手に言える人になってほ
しい」

　このように日々、子どもたちに伝え続け、自分から相手と仲を深めていく行
動ができる子をしっかり価値づけしていきましょう。

まとめ

　子どもたちは、はじめは仲がよくないのが当たり前です。仲がいい
から一緒に行動するのではなく、何かを一緒にするから仲よくなっ
ていきます。教師は、日常の中で仲よくなる必然性、必要性を生み
出していくことが重要です。

支援を要する子との関わり方

「何度言っても、いたずらをする」
「何度言っても、友だちに暴言を吐いてしまう」
「何度言っても……」

　そんなふうに、何度言っても、変わらないあなたの目の前にいる困った子。
　でも、その困った子は、本当は困っている子かもしれません。
　子どもたちの困り感を教師が知ろうとするところから、支援を要する子との
関わり方はスタートします。
　支援を要する子と関わる上で、大切にしてほしいことを4つ紹介します。

ポイント 1 すべての支援はアセスメントから

　子どもの困り感を知るためには、アセスメントをする必要があります。アセスメントといっても難しく考える必要はありません。簡単なことから、その子の学習面や生活面の記録を取ってみましょう。例えば、私が4月の時期に行うアセスメントをいくつか紹介します。

・前年度の漢字、算数のテスト　　→前年度までの学習のつまずき
・１分間視写　　　　　　　　　　→文字を写す困難さがどの程度あるか
・音読　　　　　　　　　　　　　→読みの困難さはあるのか
・ペアやグループでのレク　　　　→友だちへの関わり方の苦手さ
・自己紹介カード　　　　　　　　→その子の好きなことやがんばりたいこと
・塗り絵　　　　　　　　　　　　→色の感覚、集中力、手先の操作性

　こういった簡単なところを知ることが支援の突破口になります。また、その子の困り感に寄り添うという意味では、子どもとの対話の時間も大切です。個別で対話の時間を取り、本人に困り感を聞く中で、言語化されることもあります。この対話は、保護者ともすることで、保護者の力を借りての支援にもつながっていきます。

ポイント 2 支援はチームでする

　１人でその子を何とかしようとすればするほど、苦しくなります。まずは、同学年の担任の先生や前年度の担任の先生を頼りながら、支援方法について相談してみましょう。

　また、校内には必ず支援コーディネーターのようなポジションの方がいます彼らはチームとして支援をするための相談の場を設定してくれます。その場があることで、具体的な支援方針や外部機関との連携の方法をみんなが考えてくれます。

ポイント 3 短所よりも長所を見つめる

　支援が必要な子を担任すると、どうしてもその子の短所ばかりを見てしまうことがあります。しかし、そうなると、ついついマイナスの指摘が増えて、その子との信頼関係も崩れていきます。これでは、適切な支援さえできなくなります。まずは、その子の長所に目を向けて、その子のよさを価値づけていくことから支援をスタートさせましょう。

　また、「人は短所で愛され、長所で尊敬される」という言葉もあるように、その子の長所を教師が認めていくことで、居場所もつくられていくはずです。間違っても「あいつはどうせできない」、そんな決めつけだけはやめましょう。

　良い意味でも悪い意味でも、教師の言動が子どもたちの手本になります。子ども同士の温かな関わり方を促すためにも、教師自身の言葉や行動には、注意が必要です。

ポイント 4 特性に応じた対応の原則を知る

　診断のあるなしにかかわらず、その子の特性に応じた対応は、知識としてたくさん知っておいた方がよいです。たくさん知っているからこそ、その子の実態や状況に応じたオーダーメイドの支援ができます。例えば、多動性の強い子なら、活動を多めにした授業を組み立てる支援ができます。視覚優位の子が多いクラスなら、指示と文字情報をセットで伝えるようにします。このようなちょっとした対応の積み重ねが、その子の学びやすい環境になっていきます。

4つのポイントを意識した支援事例

・何度言っても、友だちに暴言を吐いてしまうAさんへの支援

①アセスメント

　どんなときに暴言を吐いてしまうのか、Aさんの記録を取ります。

　すると、Aさんはドッジボールのときに暴言を吐くことが多いことがわかってきました。

②チームで支援（ケース会議）

　そこでケース会議を開き、ドッジボールをする際には、担任か級外の教師がなるべくつき添うようにしました。その上で、暴言を吐きそうになったらどうするか、予告や確認を先にするようにしました。また、イライラしたときに、一度その場から離れるように促しました。

③長所を取り上げる

　我慢するだけではつらいですから、本人のドッジボールのよいプレーやプラスの言葉を取り上げ価値づけていきました。

④特性に応じた対応

　視覚優位のお子さんだったので、暴言を吐かなかった日には、カレンダーにシールを貼って可視化していきました。できた日を意識することで、感情のコントロールが少しずつできるようになっていきました。

　あくまで理想的な支援事例ではありますが、これら4つのポイントを意識して支援することは、多くの支援ケースにつながってきます。

　特に、①のアセスメントは大切ですが、自分一人で記録を取ることは大変かもしれません。校内の支援コーディネーターや外部の専門機関の人にもクラスに入ってもらい、アセスメントをしてもらうとよいでしょう。

まとめ

　子どもを変えようとするのではなく、教師自身の対応を変えていく中で、その子のがんばれる場面が増えていきます。アセスメントを通して、オーダーメイドの支援を大切にしましょう。ただし、1人で抱え込む必要はありません。チーム支援を意識して、同僚にたくさん頼っていきましょう。

時間意識をどう育てるか

"Time is money."

　アメリカ合衆国建国の父といわれるベンジャミン・フランクリンが残した言葉です。日本語訳すると「時は金なり」。お金と同じくらい時間には価値があるので無駄にしないようにという意味になります。

　クラスには、時間を過ぎても気にしない子が一定数存在しています。私がこれまで担任したクラスにも、そういった子はいました。
「廊下を歩きましょう」に次いで「時間を守りましょう」は、子どもによく伝えています。簡単に身につくことではないからです。何度も繰り返し伝えるため、身につけるまでに長い時間を要します。
　そこで「どうせ言ったって……」と先生が指導をあきらめてしまってはいけません。時間にルーズなクラスになってしまうと、教室内から落ち着きが失われる傾向にあります。落ち着きがない教室では、人の話を聞く状態がつくれず、授業が成立しないことが増えてきてしまいます。いわゆる学級崩壊と呼ばれる状態です。そうなってしまう原因はいろいろと考えられますが、時間にルーズなことが原因の1つになっていると私は思います。
　時間を守って行動できる子・クラスに育てていくために、どんな指導をしていくのか。第1章　1学期編で述べた、「あいさつ指導」の内容と重なるところがあると思います。

ステップ 1　時間を守る意味を自分なりに考え、整理する

　時間を守ることは大事です。では、なぜ時間を守ることが大事なのでしょうか。子どもに語る前に、先生自身が「なぜ時間を守るのか」について考えをもっておきましょう。

私の考えは、周りの人の時間を奪ってしまうからです。

　学校は、集団生活を行う場です。個人だけでなく、生活班やクラス全体、学年全体で動くこともあります。また、小学校であれば縦割り班活動、中学校・高校であれば部活動など他学年と一緒に活動することもあります。

　そんなとき、時間にルーズだと周りの人に迷惑がかかります。このようなことを続けてしまうとどうなるのか。ズバリ、その人に対する"信頼・信用"がなくなります。人と関わる中で、信頼されているか、信用されているかどうかは非常に大事なことです。

　私自身、仕事面において時間を守ることにはシビアです。時間を守れない同僚とは、一緒に仕事をしたくないと思ってしまいます。過ぎた時間は取り戻せません。

　このように、まずは先生自身が意味を考え、整理しておきましょう。ここでは、ざっくりとしたものでもかまいません。

ステップ 2 子どもに語り、先生が見本を見せる

　新年度が始まって間もないうちに、「時間を守る」ことについて子どもに語りましょう。時間を守って行動できるクラスは、落ち着いたクラスであることが多いです。あいさつすることや時間を守ることなど、先生がクラスの子どもに身につけてもらいたいと思っていることは、早いうちに取り組み始めましょう。先手必勝です。

　以下に、子どもに語るときのポイントとその例を解説しています。

・はじめは子どもに質問しながら

「クラスで取り組んでいきたいことがあるのだけど、なんだと思う？」
「なんで時間を守らないといけないのかな？」

　このように、はじめは子どもに問いかけながら語っていきましょう。先生の語りに子どもを引き込むように。

・**抽象的ではなく具体的に**

　抽象的な話だと、子どもの中でイメージをもちにくいです。

「授業時間になっているのに、時間を守らない子を待っていたらどうなると思う？」

「遠足で電車やバスに乗るときに、時間に遅れてくる子を電車やバスは待ってくれるかな？」

　時間を守らないことで、周りの子にどんな迷惑がかかるのか、具体的に語っていきましょう。内容は、子どもの発達段階や、クラス（学年）の実態に合わせて設定してみてください。

・**先生も時間を守ることを宣言する**

　先生も時間を守ることを宣言し、子どもに見本となる姿を見せましょう。そうすれば、大体の子ができるようになってきます。あいさつ指導と同様に、先生が率先して行うことで子どもたちがついてきます。

　特に、先生が気をつけるべき点は、授業が終わる時間です。

　授業に慣れていない初任者時代、私は１時間の授業を終わらせるのに必死で、時間が過ぎているのに気がつかなかったことが多々ありました。普段、「時間を守りましょう」と言っている先生が時間を守らず授業を進めていたら、子どもとの関係はどうなるでしょうか。想像できると思いますが、子どもからの信頼はなくなり、不満がたまっていきます。そうならないためにも、時間を気

にして子どもの前に立ちましょう。

　私が初任者のときに大変お世話になった山﨑克洋先生は、教室後方に２分ほど進めた時計を設置していました。先生が授業時間を守るための１つのテクニックかもしれませんね。

ステップ 3 何度もふり返りをする

　時間を守ることについて子どもとふり返るタイミングはたくさんあります。

　時間を守れなかった瞬間に目が向きがちですが、それ以上に、時間を守れた瞬間に目を向けて子どもとふり返りをしましょう。マイナスなことばかり子どもに話すと、聞く耳をもってくれなくなります。先生がよいと思ったところを価値づけて子どもに話しましょう。

　そして、何度もふり返りをしていきます。なかなか身につかないことは、根気強く。花開くまでには、個人差があります。辛抱強くいきましょう。

　余談になりますが、あいさつについても時間を守ることについても、自分ができていないことを子どもにさせようとする先生が多くいるように感じます。子どもに「こうなってほしいな」と思う姿があるのなら、まずは先生ができるようにしておきましょう。

　子どもに整理整頓をしてほしいなら、常に机の上や中をきれいにしておく。授業や話し合いの場で子どもに意見を言ってほしいのなら、研究会などで自分から意見を言ってみる。そういった先生の努力は子どもには見えませんが、自分自身の中で説得力が増すと思います。

チェックリスト

□ 時間を守ることの意味について自分の考えをもっていますか

□ 子ども以上に先生が時間を守って行動していますか

□ 子どものよい姿を価値づけてクラス内に広げていますか

宿題

　宿題に、読者のみなさんはどのようなことを求めていらっしゃるのでしょうか。何かヒントになればいいなと思い、ここでは私の宿題への考え方を紹介していきます。

ステップ 1 「なぜ宿題をするのか」を共有しよう

　みなさんは「なぜ宿題を出す」のか考えたことがありますか。子どものときから、学校には宿題があることが当たり前でなかなか考えてこなかったかもしれません（私も深く考えたことがありませんでした）。現在、働かれている先生でも、すぐに理由を言える方は多くはないのではないかと思います。

　子どもたちにこれを聞いたとき、「勉強できるようになるため」「テストで点数取るため」「授業で習ったところを復習するため」との声が挙がりました。もちろん、このような理由もあるとは思います。
　しかし、私は宿題とは"自己学習力"を高めるためにするものだと思っています。自己学習力とは、自ら学び進める力のことです。
　この目的をめざすとき、先生がいる授業よりも、１人で学び進めることができる宿題の方が成長のチャンスです。

　４月に初めて宿題を提示するとき、私は子どもたちに、「なぜ宿題があるのか」と問いかけ、確認し合います。
　この一緒に考える時間が大切だと思います。
　この問いかけによって、先生から「やらされている宿題」から「目的のある宿題」へ少し意識が向くと思います。何より目的をもってやった方が楽しく学習できますよね。共有していなかった先生はぜひ、途中からでも子どもたちと考える時間を取ってみてください。

ステップ 2　目標を立てよう

　先ほど紹介した「目的を共有する」という話も、子どもの意欲につながりますが、さらに具体的な目標を子どもたちと共有することも意欲につながります。私が子どものときは、宿題とは漢字を書き続けたり計算を解き続けたりと、目的・目標もなく「早く終わらせたい作業」でした。

　では、どんな目標が立てられそうでしょうか。
　例えば、以下のようなものがあります。

　漢字・算数：１週間後のミニテストや単元テストに向けて
　音読：クラスでの音読発表会に向けて
　体育：縄跳びの技テストに向けて

　目標となる日付（テストの日）も具体的に決まっていると、子どもたちは見通しをもちやすく、自ら学びを進めやすくなります。

　先述しましたが、宿題って「自ら学び進める力」をつけるためにやると思っています。ただ、自分に合う学び方ってそれぞれ違いますよね。そのために、自分の学び（学び方）についてふり返りを書かせています。

　学んだあと、ノートの最後に視点を与えてふり返りを書きます。

（分析）
　＋：よかったところ・がんばったところ
　－：だめだったところ・改善したいところ
　→：次はどうするか

　詳しくは、ノートの例（小学2年生）を下記に載せますので、参考にしてみてください。
　図1：自分で上手な字を判断し、どうすればよいか考えることころまでできています
　図2：字を反対にしてしまっていたことを、自分で気づけるようになっています

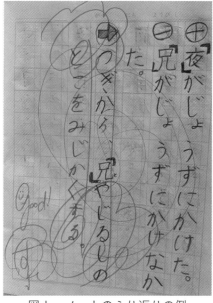

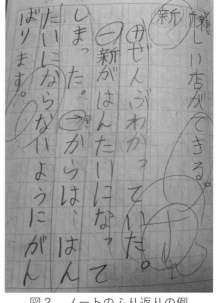

図1　ノートのふり返りの例　　　図2　ノートのふり返りの例

分析することで、自分のできているところとできていないところに向き合えるようになります。また、できていないところを自分でどうしようか思案することでより宿題が自分ごとになっていきます。この"自分ごと"というのが大事なのです。自分で考えた宿題だからやる。自分でやるから、楽しいのです。

ちなみに、こちらの実践は『「けテぶれ」宿題革命！：子どもが自立した学習者に変わる！』（葛原祥太著、学陽書房、2019）を参考にしています。また、Ｘ（旧Twitter）やInstagramにも多くの実践を投稿されています。参考にしてみてください。

ステップ 4 フィードバックをしよう

宿題をやらせっぱなしになっていませんか。大人でも同じですが、やったことに対して何か反応がないと、やる気が湧いてきませんよね。

子どもたちがやってきた宿題に対して、何か声かけやペンでコメントを書いたりフィードバックを行いましょう。反応の仕方は様々です。

フィードバックの方法には、以下のようなものがあります。

・学級通信で取り上げる
・宿題交流会をする
・広めたい子のノートを教室に掲示する
・花丸の仕方を工夫する

　先生のフィードバックによって、子どもたちは自分たちのやっている宿題が正しくできているのだと自信をもつことができます。

　ただ、先生の1日は忙しく、宿題のフィードバックに多くの時間をかけられませんよね。慣れも必要ですが、私は少ない時間でフィードバックができるように子どもの分析の記述のよいところに線を引いたり、素敵なところに星マークをつけたりと短く子どもに伝わるように工夫しています。どうしても、時間がなく宿題の確認ができないときは、帰りの会で「先生、今日バタバタでコメントできなかった！　でも、みんなのノートは見ているよ」と伝えていました。

　また、宿題に慣れてくると子ども同士で宿題にコメントし合うものよい刺激になってよかったです。

ステップ 5 　どうしても宿題をしない子にはどうしたら

　最後に、何をやっても宿題をしない子にどうしているのかをご紹介します。

　先ほど述べたように、多くの子が宿題はしないといけないとわかっています。ただ「めんどうくさい」「よくわからない」などの理由でやらない子はいます。昔の自分は、やらないことに対して叱ったり、宿題を昼休みにさせたりしていました。それでは"自分で学ぶ力"はつかないですよね。

　私がとっているアクションは、次のようなものです。

①その子とよく話す（どうして宿題をしないのか、何に困っているのか）

②どんなことならできそうか話し合う（こちらから選択肢を与える方が多いです。このとき、なるべく目標を見やすくするため「テストの結果」に直結する宿題を提示します。宿題がテストの結果に結びつくとやる気につながるからです。その子ならこれぐらいできるだろうな、と思う量の半分以下で提案してください。漢字1文字からスタートしてもいいです）

③それからは、必ず毎日フィードバックをする（長い目で見ながら、量を調整）

　ただし、この手だてを打つ場合は、学年の先生や保護者の方に相談しましょう。これがきっかけで少しでもその子が自分で学ぶことが楽しくなればよいなと思います。

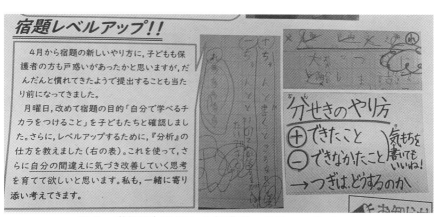

図3　学級通信を通した保護者へのフィードバック

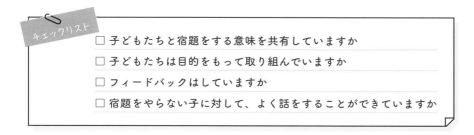

チェックリスト

□ 子どもたちと宿題をする意味を共有していますか

□ 子どもたちは目的をもって取り組んでいますか

□ フィードバックはしていますか

□ 宿題をやらない子に対して、よく話をすることができていますか

学級通信

　学級通信を書く人、書かない人。どちらもいます。どちらが正しいなんてものはありません。結局、学級通信も学級をよくしていこうとするツールの１つなのです。では、１つのツールとしてどのように活かすのか。

　ここでは、学級通信を発行することのよさや、通信の書き方などを紹介します。

ステップ 1 通信を書くことのメリットを知る

・保護者と情報を共有できる

　学校の行事や学習計画、生活の様子などを伝えることができます。適切な情報を適切なタイミングで伝えることで、保護者と円滑なコミュニケーションをとることができます。保護者が子どもの学校生活を理解することで、学習環境の充実を図ることができます。

・自らの学びの記録となる

　授業内容を通信に載せます。どんな計画を立てたのか、どのような発問、板書をしたのか、子どもたちはどのような反応や発言をしたのかなど、記録を残すことによって自らの授業をふり返ることができます。そのふり返りが、教師の力量形成につながります。

・クラス全体に伝えやすくなる

　学習計画や課題、励ましや労い、ほめること、叱ることなど、学級通信はクラス全体に対して様々な情報を伝える貴重な手段です。教師のメッセージを語るだけでなく、文字や写真などを使って、明確に伝えることができます。

・子どものいいところを見つけやすくなり、ほめやすくなる

　ここが私の通信を書く上での一番のよさだと感じています。「通信を書く！」と決めると「ネタ」を探そうとします。すると今までは気づかなかった子どもたちのいわゆる「よい行動」を見つけやすくなります。見つけるとほめることができます。通信を書くことでより詳しくほめることができ、その子のよさを周りに伝えることも可能になります。

ステップ 2 通信の内容を考える

　通信を書く際に困るのが「何を書けばいいのか」です。いくつか通信の種類（型）を知っておくと書きやすくなります。

・授業記録型

　授業の記録を残すという行為は、自身の考え方の言語化にもなり、客観的な資料にもなりえ、保護者への学習状況の周知ができます。

　私は過去の通信があることによって、同じ学年をもったとき、過去の自身の実践を見て、授業をよりよいものにしていくために役立ちました。

　ただ、授業内容をこと細かに書くのは大変です。授業のおおまかな流れと、子どもに一番考えさせたい発問、そしてそれに対する子どもの反応や考えを書くとよいでしょう。

　子どもの考えや思いはノートやワークシートなどから抜粋することで、授業中には表に出なかった友だちの思考として共有することができます。

　しかし、子どもの考えをパソコンに打ち込むのはけっこうな重労働です。プチテクニックですが、音声入力をするとだいぶ早く書き写すことができます。文字認識のアプリを使うのもかなり有効的です。またはそのノートをそのままスキャンしたり、タブレットを使って、受け取ったメッセージをコピーして貼りつけたりするのもよいでしょう。少しでも手間を減らして、しっかり効果を得ていきましょう。

・**子ども称賛型**

学級通信を通じて子どもを肯定的に評価し、称賛します。

・成果や成績を評価するとき

「○○さんが素敵なアイデアを出してくれました！」

「○班が最高記録を更新しました！」

・努力や成長を評価するとき

「毎日、休み時間に鉄棒を練習する姿が見られました」

「４月のころと比べてみてください。本当に成長しています」

・協力や友情を評価するとき

「優しい言葉や行動で周りの人々を大切にしている姿が感じられます」

「困っている友だちを助ける姿勢が、本当に温かいクラスをつくっていますね」

・参加や積極性を評価するとき

「困難なことでも、前向きな姿勢をもってチャレンジしているのがすばらしいです」

「○○に取り組む姿勢がすばらしいです。自分から進んで挑戦する姿が素敵ですね」

・**写真型**

子どもたちの様子や、生活科で育てている植物の生長過程、図画工作科でつくった作品などの写真をそのまま載せます。

とくに子どもたちが活動している写真や、集合写真は保護者からも人気で

こんなに大きく育ちました！

みんな仲よくやってます。

す。1枚の写真からいろいろなものが読み取れるのでしょう。百聞は一見に如かず。

・作文、日記型

子どもたちの作文や日記を学級通信で共有することで、クラス内でのコミュニケーションが促進されたり、いろんな文章を読むことで表現力や文章力が向上したりする機会となります。また自分の文章が掲載されることで自己肯定感が高まり、自信につながります。

・連絡事項型

学校行事や重要な連絡（新たな持ち物や下校時刻の変更など）、または授業の週案などを載せることで、子どもや保護者は日程を事前に把握し、適切な準備をすることができます。きっと学校からも連絡はいくはずですが、学級通信にも載せるととても親切です。

・教師の思い（語り）型

あいさつの大切さ、整理整頓の意味、授業の取り組み方、掃除の価値、行事の前に気をつけること、努力することについて、協力することのよさ、など。

教室で子どもたちの成長を願い、教師の思いを語ることはありませんか。私はその語りをそのまま通信に載せます。教師の願いや思いを知ることによって、子どもたちは時には共感し、時にはつながりを感じ、学習への意欲や取り組む姿勢が向上することがあります。

また自身の教育的価値観や人間性（または人生観）を通信で示すことで、保護者は教育方針やアプローチについて理解を深めることができます。理解を深めていくことで、学校と家庭が一体となって子どもたちの成長を支えることができます。

・子ども参加型

言葉の通り、子どもたちが通信づくりに参画します。低学年だとイラストを描いてもらったり、高学年にもなってくるとすべて子どもたちが書き上げたりすることもできます。子どもたちに、学習中におもしろかったエピソードやクラス内での出来事をシェアしてもらうことで、学級通信がより楽しいものにな

ります。

・**保護者参加型**（参照：『BBQ型学級経営』渡辺道治著、東洋館出版社、2022）
　学級通信を通して、保護者にコメントを求めます。私の通信の一番下には保護者コメント欄がついています。通信で「気になったことや感想、子どもたちの変容や成長が見られたら教えてください！」とお知らせしておき、メッセージが来たら通信で取り上げて、おおいに喜んで返事を書きます。
　また授業参観のあとに配る通信には、次のようなことを書いておきます。

「今日の参観授業では、子どもたちはおうちの人にいいところを見せようととても一生懸命がんばっていました。そこで、おうちの方々にお願いです。今日の子どもたちのがんばりを見て、ぜひ感想を送っていただけないでしょうか。いただいたお便りは子どもたちに紹介しようと思います。子どもたちのために、ご協力よろしくお願いします」

　そこから届いたお便りを子どもに読み聞かせることで、再び子どもやクラスをほめる機会となります。ここで忘れてはいけないのが保護者への感謝です。保護者の協力がある上で現状が成り立っているということを、しっかり文字に起こして返事を書きます。

あとは大きな波が来るのを待つだけです。国語科で行った俳句選手権では、通信にGoogleフォームのQRコードを載せて保護者投票を行い、おおいに盛り上がりました。

通信を使って教育に保護者も参加し、共に子どもの成長を支えることができるのです。

ステップ 3 通信を書こうという心を整える

・まねしたっていい！　精神

「学ぶ」という言葉は「まねぶ」からきていると言われています。いろんな人の通信や、ネットや書籍の記事から得た情報をまねするところから始めましょう。続けていくことで、「自分らしい」言葉や文を書くことができるようになっていきます。

・教師修行と思おう！

ステップ１で書いたように学級通信を書くことはメリットがたくさんあります。「やらされている」と思うより、自身が「レベルアップする」ために取り組みましょう。

・無理しないでええんよ

書きたいことを書く。書きたくないときは書かない。無理せず、楽しむことが大事です。

まとめ

学級通信を書くためには時間と労力が必要です。教師は授業準備や生徒指導に多くの時間を費やすため、学級通信を書くことが難しい場合もあるでしょう。しかし確実に言えることは、学級通信を書くというのは学級でよい変化をもたらすすばらしいツールの１つであるということです。

学級遊び

　たかが遊び、されど遊びです。遊びにはたくさんの可能性があります。

・「みんなと一緒だからいいな」

　自分の居場所として感じられると心理的安全性が保たれます。また、友だちのよさや違いに気づいたり、協力したりすることでつながりができます。

・「このときは、こうして……！」

　試行錯誤することで思考力や判断力などが培われます。また、ルールを守るということも身につきます。

・「もっとしたい！」

　遊びと学びは表裏一体です。遊びからいろんなことを学び、モチベーションを高めて、集中し、何度も取り組むことができます。

・そして何より「楽しい！」

　きっと多くの先生が遊びによってクラスの雰囲気がよくなったり、子どもがイキイキと活動したりと、助けられたことが何度もあったでしょう。

　学級遊びは、一人ひとりの子どもの力を育み、友だち同士のつながりを生み出します。

　ここでは、学級で遊ぶときのポイントや、つながりを生む遊びをいくつか紹介します。

ステップ 1 遊ぶための手順を知る

・遊びのルールや、やり方を説明する
・見本を見せる
・遊びのリハーサルを行う
・本番
・フィードバック

　言葉だけの説明だと伝わらないこともあります。ルールが難しい場合は黒板にポイントを示すのもよいですね。さらに教師が見本を見せます。ここでようやく全体が「わかってきた」状態になります。そしてリハーサルを行います。後で本番があるので、ここはサッと終わらせましょう。ここまで丁寧にすると、ルールがわかった状態で、さらに早くやりたいという気持ちになっているでしょう。本番のゲームはとても盛り上がるはずです。

　そして忘れてはいけないのがフィードバックの時間です。やってみてよかったことや、楽しかったこと、どうやったらもっと楽しめるか、みんなと仲よくするためには、などをふり返ることで、強化し、学ばせていきます。

ステップ 2 遊ぶときの教師の役割を知る

・タイミングを考える
　朝一番元気を出すために、授業で少し盛り上がりに欠けてきたから問題をクイズ式に、雨でどんよりした空気を変えるために、席替えしたばかりなので仲を深めるために、協力できる体制をつくるために、など時期やタイミング、意図をもって学級遊びを行いましょう。

・ルールを細く説明する
　例えば、役割があるゲームです。「僕から始める！」「私が先がいい！」と言い合うことになると時間が無駄になります。教師が「窓側の人から始めます」「班長から時計回りで始めましょう」と言い、なるべくスムーズに始められるように細かく指示を出しましょう。

・全体を把握する

　困っている子や、停滞しているチームはいないか確認します。困っていたらすぐに声をかけていきましょう。絶対にクラス全員が楽しめる空間をつくれるように心がけます。

・やりすぎない

　１つのゲームを長々とやりすぎると子どもは飽きてしまいます。「あぁ〜もうちょっとやりたい！」って思うくらいで終わるのがベストです。
　タイマーを使うことで終わりの時間を意識させるのもいいでしょう。

・ふり返りを全体に共有する

　せっかく遊んでみて、個人内の「楽しかった」で終わるのは、あまりにもったいないことです。教師は、その遊びのよさや価値をフィードバックしなくてはなりません。
「やってみて気づいたことや学んだことはある？」
「これからどうしていきたい？」
　ここで気づいたことを教室全体で価値づけ、意味づけしていきます。学級通信で家庭まで広げることもおススメです。学んだことを一般化できるように促していきます。

ステップ 3 　自身の鉄板遊びを身につける

　学級遊び、ゲーム、レクレーション、アクティビティ、アイスブレイクなど、遊びというのは無数にあります。
　多くの学級遊びの中から、説明しやすい、盛り上げやすい、参加しやすいものなど、自分にとっての鉄板の遊びを身につけることで、様々な場面で応用・活用できるようになります。
　ここでは、子ども同士をつなげる私のお気に入りの遊びを２つ紹介します。

・「ほめほめあいさつジャンケン」

　これを行えば、朝からテンションが上がる遊びです。

①言われてうれしい、クラスで増やしたいほめ言葉カードを、みんなで大量に
つくる（内容かぶりあり）

②1人2枚カードを持ってスタート

③出会ったらまずはあいさつをして、そ
のあとジャンケンをする

④ジャンケンに勝つと相手の持っている
カード2枚分ほめられる。負けても勝
った人から1枚分ほめられる

「〇〇さんは素敵だし、かっこいいね！」「〇〇さんだって素敵だよ！」と、
カードの力を借りているのでほめやすく、自分たちにとって増やしたい言葉な
ので、やらされている感が少ないです。

⑤ふり返り
「やってみてどうだった？」

・「せーの！ゴー！」

①教師「せーの」　子ども「パン（手拍子）」
　教師「せーの」　子ども「パンパン」
　教師「せーの」　子ども「パンパンパン」

②（途中、子どもの手拍子のあとに）教師「ゴー！！」

③「ゴー！」と言う前の拍手の数だけ仲間をつくる
（パンパンパンパンなら４人組をつくる）
　人数が集まったチームはその場でしゃがむ

④集まったメンバーで先生から言われたお題について話す
（例：好きなゲーム・好きな番組）

目標を個人の達成ではなく、クラス全員が達成！　にします。「自分はチームができて安心」から「全員が達成できるように」と伝えます。

　そうすることで、課題解決のためにグループを組んだ子たちが「自分たちが上手く人数調整すれば全員グループできるんじゃないか」と考えはじめます。

⑤ふり返り

「どうすれば全員が満足できるかな？」

ポイント　遊ぶ目的を大切に

　遊びを行う上で、一番大切なことは「笑顔」です。

　勝ち負けがある遊びもあります。それによってケンカが起きてしまったら遊びを行う意味はありません。「友だちのことを知るため」「協力するため」「仲よくなるため」など、遊びを行う目的をはっきりさせましょう。

　また、ルール説明で話を聞かない子を先生が叱ることになったらそれこそ本末転倒です。

　教師も子どもも笑顔で楽しむための学級遊びです。子どもと共に、みんなでルールを守って、楽しく遊べたことを喜べる時間になってほしいと思います。

まとめ

　学級遊びのバリエーションをもつことで学級は変わります。遊びは、教師と子ども、子どもと子どもをつなげることができます。はじめは仲よくないのが当たり前です。一緒に楽しむから仲よくなるのです。

席替え

席替えをする上で、気をつけるべきポイントは次の3つです。

ポイント **1** 席替えの目的を共有する

席替えを始める前には、次のように必ずその目的を伝えます。

「席替えの目的を先生は次のように考えています。それは、クラスの子と"交流を深める"ことです。仲のよい友だちとだけ話したり相談したりするのではなく色々な子と話してほしいと思います。そのために席替えをします。だから、おしゃべりして他の人のじゃまをしたり、学習に集中できないようなら、先生の方で席を替える場合があります」

ポイント **2** 席替えのルールを明確にする

子どもたちには次のように席替えのルールを説明します。

「みんなが楽しみにしている席替えですが、3つ守ってほしいことがあるので、今から説明しますね。

1つ目は、だれと隣になっても、『え～』とか『うわぁ』とか『やだ～』とかマイナスなことは絶対言いません。表情に出すのもやめてください。相手にとってその行為はとても傷つく行為になるかもしれません。自分だって、同じように思われているかもしれません。お互い、気持ちよく席替えをします。

2つ目は、決まった席はあくまで仮決定であり『この子はこの席だと学習に集中できないな』と先生が感じたら、いつでも席を替わってもらいます。

3つ目は、黒板が少し見えにくいなと思う子は前の席に座ってください。

以上の3つのルールを守れる人？（必ず全員が手を挙げたかどうかを確認する）それでは席替えをはじめますね」

ポイント 3 席替えを教師も楽しむ

　席替えは子どもにとって楽しみな活動です。しかし、教師になるとこの気持ちを忘れてしまいがちになります。次のことに配慮して、子どもと一緒に席替えを楽しんでくださいね。

・席替えの期間を短くする

　1ヶ月に1回程度。1ヶ月ならトラブルが起きても大きく揉めることは、ほぼありません。

・予告なく教師の方から席替えを行う場合があることを、事前に伝えておく

保護者の訴えなどで、席替えをして対応する場面があります。このように事前に子どもに伝えおくと、信頼は損なわれにくくなります。

・席替えのやり方を子どもと決める。教師が一方的に決めない

席替えを先生がすべて決めるのは避けましょう。子どもと教師、お互い納得できるやり方を模索します。教師がたくさんの席替えの種類を知っておく必要もありますね。

チェックリスト

- □ 席替えの目的を席替えする前に子どもに語っていますか
- □ 席替えの3つのルールについて子どもと確認していますか
- □ 様々な配慮をしつつ、教師も席替えを楽しんでいますか

タブレット端末の使い方

　2019年に開始されたGIGAスクール構想。これをきっかけに子どもたち一人ひとりにタブレット端末が支給され、今となっては、当たり前のように授業や学級活動で活用しています。また、我々教師も、授業や校務など幅広くタブレット端末を使い、数年前の学校現場とは様変わりしています。

　タブレット端末を上手に使うことができれば、すごく便利なものとなりますが、一歩使い方を間違えると、トラブルの原因になってしまいます。そうすると、制限だらけになり、使用することをためらいはじめ、保管庫に眠り続けるなんてことにもつながってしまいます。

　子どもがタブレット端末を上手に、そして正しく使えるようになるためには、基本的な操作を身につけるだけでなく、使い方の決まりや端末の扱い方なども教えていくことが大切です。ここを丁寧に行っていけば、授業中のトラブルが減っていきます。

ステップ 1 前年度の使い方や学校全体での決まりなどを確認する

おそらく、どの学校でもタブレット端末の使い方について、学校全体の方針や学年ごとの決まりがあると思います。私の所属している校内のICT活用推進チームが、指導計画などを出しています。それをベースとして、今年度の学年はどうするか学年主任を中心に検討していくことになります。

その過程で、私は必ず子どもと一緒に「前年度はどうだったか」と確認しています。2クラス以上ある学年であれば、前年度のクラスではタブレット端末の使い方はどうだったのかそれぞれ確認し、今年度の決まりに活かしていきます。

基本的な決まりについては学年でそろえますが、細かなところはクラスで多少差があってもいいと思っています。

ポイント タブレットの置き場所

朝、登校したら、机の横にかけているタブレットバッグ（手さげ袋でも可）にタブレット端末を入れるようにしています。すぐ手元に用意されている環境にすることが、活用を進めるちょっとしたポイントです。

ステップ 2 子ども以上に先生が使いこなす

タブレット端末を使って授業をするのであれば、我々先生もある程度のスキルを身につけておく必要があります。ここでいうスキルとは、「授業で活用する」スキルであると捉えてください。

読者のみなさんは、おそらく学生時代にWordやExcel、PowerPoint（Googleでは、ドキュメント、スプレッドシート、スライドという名前です）といったソフトを使いこなしてきたのではないでしょうか。学校の授業でもそれらを使うことはありますが、さらに使用頻度の高いものがあります。

私の自治体は、Google for Educationを契約しています。その中にある「フォーム」は、授業でも学級活動でも幅広く使うことができます。

フォームは、アンケートを取るときにとっても便利です。一度使えば、二度と紙のアンケートには戻れません。

　送信されたデータを瞬時に集計するため、正の字でカウントするという余計な作業が発生しません。タブレット端末が１人に１台配当されるまでは、紙のアンケートで、正の字を紙に書いていました。この集計時間が大幅に削減されたことで、授業準備に時間をかけられるようになりました。

　また、ただ単に①が何人、②が何人と示すだけでなく、円グラフや棒グラフなどで表してくれるため、そのままスライドなどにも活用することができます。

　さらに、だれが宿題を出しているか確認したり、出席番号順に並べ替えたりする作業も、ひと手間加えればとても楽になります。

自分の名前	①進んで実験や学習に取	②友だちや先生の話を聞	2　『電池のはたら
01	あまりできなかった	少しできた	もっとたくさん遊ん
02	少しできた	少しできた	もっと、調べたいこ
03	よくできた	少しできた	電気の強さについて
04	よくできた	よくできた	かん電池の向きを変
05	とてもよくできた	少しできた	乾電池を使って見た
06	とてもよくできた	とてもよくできた	よく電池を使ってい
08	少しできた	少しできた	あんまりできなかっ
09	少しできた	あまりできなかった	電池を３個４個にし
10	少しできた	よくできた	かん電池の、向気を
11	とてもよくできた	とてもよくできた	電気も、電流が通っ
12	とてもよくできた	とてもよくできた	コンセントから、ど
13	とてもよくできた	とてもよくできた	かん電池の中（？）
14	よくできた	よくできた	避難したときどうや
15	とてもよくできた	よくできた	理科でかん電池３こ
16	とてもよくできた	とてもよくできた	扇風機などは、風が
			他にはどんなものに
17	よくできた	少しできた	

図　Googleフォームのスプレッドシート作成例

　それは、図のように名前の前に２ケタの出席番号を入れることです。フォームは、集計したデータをスプレッドシート（Goole版のExcel）に取り込み、一覧表として見ることができます。２ケタの出席番号があることで、漢字表記の名前でも出席番号順に並び替えることができ、だれが出していないか出席番号を見て瞬時に把握できます。一度つくったフォームは、他のフォームに転用で

きるので、今後の時短にもつながります。

　そして、テストにもフォームを活用できます。テストモードという機能があり、正答を入力しておくことで勝手に採点をしてくれます。私は保健のテストをフォームで行いました。同学年の担任からも好評でした。設定に少し時間がかかりますが、テストを１枚ずつ採点するよりかは時間がかかりません。

　教師がタブレット端末を活用していくことで、子どもにもいい影響が出てきます。例えば、クラスの係活動でアンケートを取るときに紙ではなくフォームを使うようになります。子どもが操作に慣れていくことで、授業だけでなく係・委員会・その他の活動で上手にタブレット端末を使えるようになります。

ステップ 3 たくさん経験しながら正しい操作を身につける

　タブレットの操作には、トラブルがつきものです。よくあるのが、スライドのページが消えてしまったり、自分のページにだれかが入力してしまったりすることです。そこまで操作に慣れていない低中学年で発生しやすいです。

　大事なことは、たくさん経験しながら正しい操作を身につけることです。タブレットを使ってみたけど、上手くいかなかったから次の時間は使わない、なんてことはやめましょう。経験を重ねることでトラブルは減ります。

　年度のはじめは、操作に慣れることに特化した授業を展開してもいいと思います。そして、何か起きてしまったときの対処法も伝えるといいでしょう。

　１つ前の状態に戻すショートカットキー「Ctrl+ z 」（Macはcommand+ z ）は、子どもに身につけてもらいたいショートカットキーランキング第１位です。

チェックリスト

□ タブレット端末を使う上での約束や決まりがはっきりしていますか

□ すぐタブレット端末を活用できる教室環境になっていますか

□ 授業である程度使えるスキルを先生が身につけていますか

□ 操作に困ったときに聞ける先輩が複数人見つかっていますか

保護者と共育していく学級経営

「学級経営のやり方と在り方」でも述べましたが学級運営は担任１人で行うものではありません。

子どもたち一人ひとりに様々な方が関わっています。そして、その最大の応援者は保護者の方々です。そんな保護者の方々が学級の応援者としてお力添えしてくださったらどうでしょうか。こんなに頼もしいことはありません。子どもたちに最も近くて、子どもたちのことをよく知っている大人です。

ここでは、保護者の方と共に子どもたちを育てていくための手だてをご紹介します。

ポイント 1 保護者との関わりを増やす

子どもたちとは毎日会いますが、学校の行事の設定によっては保護者の方とは一度くらいしか会わない場合もあります。

保護者の方と出会える機会は学校によって違いますが、大まかに挙げると、家庭訪問、懇談会、個人懇談、参観日、学校公開日、学校行事（運動会、学習発表会等）があります。この中で、必ず会えるのは家庭訪問と個人懇談です（その２つが設定されていない学校もあります）。この機会を大切にして、保護者の方とは積極的に関わっていきましょう。

保護者との関わりが増えることで、次のようなメリットがあります。

・互いのことをよく知れる
・先生がめざしたいことの共有ができる
・子どもにトラブルがあったとき、話しやすくなる

アメリカの心理学者ロバート・ザイアンスが提唱した、単純接触効果と呼ばれる現象があります。意味は、接触回数が増えるとその相手に親しみが増す効

果があるということです。

　特に、指導が難しいなと感じている子どもの保護者にこそ、積極的に関わりをもっていきましょう。

　関わりを増やすには、次の方法が考えられます。

・行事等に参観に来られたときに積極的にあいさつをする
　（プラス一言添えられるとよい。例：「〇〇さん、先週の国語で音読がんばっていましたよ〜」）
・何かトラブルがあったときは、なるべく家庭訪問をする
　（電話よりも行き違いが少なく、そして、印象にも残りやすい）
・参観日・懇談会に参加してもらいやすくする
　（参観日の日は子どもに何度も「おうちの方に伝えておいてね」と伝える）

ポイント 2 情報共有をする

　何か子どもにトラブルがあったとき、保護者に連絡を取りますよね。そのとき、一度もお話ししたことがない保護者の方だと不安ではないですか。私は、毎年とても不安です。どんな方かなって、想像してもわかりません。わかるのは子どもの情報だけ。それだけで、保護者の方を想像してもただの妄想になっ

てしまいます。

　その気持ちは保護者の方も同じです。担任の先生が初めて出会う方だったら、「どんな先生だろう」「この人で１年間大丈夫かな」と少なからず想像し、不安をもっているものです。

　その気持ちを少しでも和らげる方法があります。それは、しっかりと情報共有するということです。これはお子さんの様子に限ったことではありません。行事の日程、学級の様子、先生の経営方針、思い、学校や学級に関するあらゆることをできるだけ共有していきます。そうすることで、保護者の方とめざすものが近づいてきたり、先生の学級経営に対して安心感をもってもらえます。情報共有する手段として、次のようなものがあります。

　　・学級通信
　　・懇談会
　　・子どもが持ち帰る作品等（コメントも見られています）
　　・電話連絡（子どもの素敵な姿を情報共有。短く２分で終わる）

　そして、最高の情報共有方法は"子どもの姿を見せること"です。

　自身のお子さんを見られて学級の様子を感じたり、学級通信を見られて、「この取り組みのおかげで、うちの子は成長したんだ～」と思ったり。

　子どもを通して伝えるのが、保護者の方も信用されますし、よりつながりを感じます。

ポイント ③ 受容の心で

　子ども理解と同じです。保護者の方の思いをしっかりと受け止めましょう。感じましょう。

　子ども一人ひとりの背景には（もちろん様々な家庭事情はありますが）、ご両親そして、祖父・祖母などの親戚もいます。

　先生も、クラスの子に対してこのようにしていきたいという思いがあるように、保護者の方も思いをもっています。ただ、教育方針等の思いを口に出される方のほうが少ないのです。なので、感じ取りましょう。そして、同じ方向を

見ていきましょう。あなたがその子に関わるのは、1年間だけの場合が多いです。保護者の方の多くは大人になるまでその子を見続けます。そして、それからも。保護者の方の思いがいずれその子へ届くと願いましょう。保護者の方が応援してくださるように、教師もその子への応援者へ。

　教師をしていると、保護者の方からの言葉に落ち込むこともありますが、救われることの方がたくさんあります。「うちの子が算数の授業が楽しいと言っていました」「いつも学級通信ありがとうございます」など。
　教師だって、保護者の方に支えられています。そう思う度に感じます。自分は、保護者を支えることができているのだろうか、と。"教師−子ども−保護者"この3者がつながってこそ、互いのしあわせにつながるのではないかと思います。

チェックリスト
☐ 5月までに全員の保護者と会話できましたか
☐ 6月までに全員の保護者に子どもの素敵なところを伝えられましたか
☐ 7月までに保護者の思いを知ることはできましたか
☐ 保護者の方を「受容」の気持ちで感じとろうとしていますか

これから教師になるあなたへ

最後に初任者の3人から、これから教師になるあなたへメッセージを贈ります。

齋藤祐佳

　　　　教師になる前、期待と不安が入り混じった感情を抱えていました。4月、初出勤日に渡された、子どもたちの名簿。ただの名前の羅列にしか見えなかった名簿が、今では、顔や言葉、その子との思い出がありありと浮かぶものになりました。「おはようございます」から、「さようなら」まで。子どもたちと一緒に勉強をして、一緒に給食を食べて、一緒に遊んで。ほめたり、叱ったり、たわいもないおしゃべりもして。教師としての毎日は、1日として同じ日がなく、様々な感情や思い出に溢れるものです。それまで、どこにでもいる学生だった私が、子どもにとってたった1人の「担任の先生」となった経験。それは、私にとってかけがえのないものとなりました。

　しかし、楽しいだけではありません。初任者としての1年は、楽しいことも大変なこともひときわ大きく、濃密です。ぜひ、何度もこの本を読み返してください。この本を手に取り学び、試行錯誤した時間が自分の自信につながり、何より心強い味方となってくれるはずです。

　私と、あなたの教職人生を、ともにすばらしいものにしていきましょう。

小谷地耕大

　　　　4月、子どもたちと出会い、私の教師人生が始まりました。これからの一挙手一投足が今後の子どもたちの姿として表れると思い、気を張っていたことを思い出します。子どもたちはとても純粋で、とても素直です。子どもと過ごす時間が長くなれば長くなるほど、それを強く感じました。だからこそ「先生」は、子どもたちにとってヒーローでなくてはならないのだと思います。

教師になると決まり、漠然とした不安を抱えている初任者の方は多いでしょう。そこから実際に行動に移せたこと、本当に素敵です。この本に書いていることは私たちが実際にスタプロを通して学んだ内容がほとんどで、実践していることも数多くあります。多くの方は、本を読んで実践することが1つか2つのような気がします。しかし、ぜひ10個は実践してみましょう。特に、取り戻せない4月や5月の実践の優先順位は高いですよ。

　「人を変えるのは環境と立場」。私の大好きな言葉です。みなさんも必ず「先生」になります。この本で築いた土台をもとに、のびのびと自分を発揮し、共にヒーローになりましょう。

菅野翔大

　まだ1年しか走り切っていない私ですが、教師という職業は、常に成長し続けられる職業であると実感しました。

　私も1年間の中で数々の失敗をし、落ち込み、たくさんの人に助けていただきました。時には、「この仕事、自分には向いていないのかな」と思うこともありました。しかし、それとは比べ物にならないくらい子どもたちの成長を実感したときの喜びは大きく、子どもたちと過ごす時間はかけがえのないものです。

　ニュースでは、「教師の働き方はブラックだ」と報じられることが多いですが、それでも教師という仕事を続けている人が多いのは、私と同じような喜びを感じているからではないでしょうか。これから教師になるみなさんも、つらいことや投げ出したくなる出来事に遭遇するかもしれません。そのなかでも、子どもとの些細な喜びを分かち合ったり、成長を見て感動したりする場面がきっとあるはずです。働いている場所は違いますが、輝かしい未来のある子どもたちのために、明日からもがんばっていきましょう。

　初出勤日の前日、日曜日の夕方、不安でどうしようもない夜に、このページがあなたの励みになりますように（ふせんをはってね）。

刊行に寄せて

コロナが猛威を振るい始めた2019年冬。
私は人生で初めて本格的にSNSを使い始めました。

きっかけは、ある先生からの「お願い」でした。
元々SNSの類が嫌いであり、あらゆるアプリの使用を避けて通ってきた私に、
「先生がSNSで発信すれば、きっと多くの人の力になるはずです！」
と力説してくれる方が現れたのでした。
ここまで強くお願いされて意固地に使わぬのもどうかと思い、試しにという
形で始めてみたのが2019年末の出来事です。

その後、コロナショックは想像をはるかに超える規模で世界を襲いました。
学校における教育活動にもあらゆる制限がかけられ、人と会うこと、触れ合
うこと、そして学びを得ることにも甚大な規制がかけられました。
それでも尚、「もっと学びたい」「もっと知りたい」という先生方の知に対す
る熱は消えませんでした。消えるどころか加速した面すらあると感じています。

何か子どもたちのためにできることはないか。
今の状況の中で私たちには一体何ができるのか。

オンラインを活用した学びの場も加速的に増え、その中で積極的に情報交換
がなされるようになりました。
かくいう私も、その頃からたくさんのオンラインセミナーを企画するように
なり、さらにオンラインコミュニティの運営も始めるようになりました。
そこに集った方々と、これまでに数々の仕事を一緒にしてきました。
参加者が500名を超える規模のセミナーを幾度も企画するようになったり、
全国各地から2000名以上が参加した共同学習を共に創ったり、一緒に本を書く
ようになったり、ラジオで話したり、サークルをつくったり。

そんな風にして、コロナによる数々の制限下においても、下を向くばかりでなく互いに知恵を出し合い、助け合いながら我々は生きたのだと思います。

　コロナが明けた後も、そのオンラインコミュニティから生まれたつながりから、リアルでのセミナーや合宿イベントが次々と実施されています。

　そして今回、「スタプロ」という形で全国の初任者を応援するプロジェクトが大きく動き始め、ついには本書が刊行されるほどのうねりとなりました。

　山崎克洋先生をはじめ、今回の本の執筆者のお名前を見ていると、コロナ禍のオンラインコミュニティのご縁からつながった方々がずらりと並んでいます。

　また、「過酷な状況にある初任者の先生方の力になりたい」という執筆者の方々の思いが各ページから確かに伝わってきて、本当に心が温かくなりました。

　大変な状況の中でも、下を向くことなく前を見て歩んできた皆さんだからこそ、このような温かな思いに包まれた本が生み出せたのだと思います。

　未来を共に歩む初任者の仲間に向けて書かれたこの優しい一冊が、多くの方の元に届くことを心より願っております。

　執筆者のみなさんに、ありったけの「ありがとう」の思いと「お疲れ様でした」のエールを添えて、刊行に寄せてのメッセージとさせていただきます。

2024年1月10日　渡辺道治

おわりに

「金八先生」のような熱い学校ドラマにあこがれて先生になった私は、子どもたちと過ごす日々が楽しくて仕方がなかった。みんなで大縄の八の字跳びを何回跳べるのか挑戦したり、漢字50問テストに向けてみんなで目標点数達成に向けてがんばったりと、常に目標をもち学級の子どもたちを指導していた。もちろん、成功したことばかりではなく、子どもとぶつかることもあった。それでも、自分にとって学級は家族で、学級経営とは、1年のゴールに向かって熱いドラマを思い描き突き進んでいくようなものだった。

いつしか、そのような学級経営をしていると上手くいかないことが増えてきた。子どもたちと壁を感じたり、保護者の方からご意見をいただいたり。子どもたちにしあわせになってほしい思いは変わらないのだけど、上手くいかない。あるとき先輩からこんな言葉をもらった。「きちんと子どもの声を聴こう」。その言葉を聞いても、まだモヤモヤしていたが1週間くらい経ったとき、なんとなくではあるが、その意味がわかった。

そこから、私の学級経営は少しずつ変わってきたように思う。

今でも、子どもの気持ちをしっかりと汲み取れていないなと思うことはあるが、その度に対話を繰り返す。心と心でつながった先には、劇的なドラマではないにしろ、関わった子の笑顔がきっと見られるはずだ。そんな変化を感じることができる学級経営が私は大好きだ。

この「学級経営」本には、多くの先生が関わり、そしてその背景にはその先生方の学級の子どもたちがいる。執筆に関わった先生方の学級の子どもたちや保護者のみなさん、それぞれの職場の先生方。多くの存在があって、今回の実践が成り立っている。

この本のグループリーダーに任命してくださった、かつさん。編集を担当してくださった北山さん。唐本さん。大変、貴重な機会をありがとうございました（初めてのことだらけでご迷惑もたくさんおかけいたしました）。この場を借りて、感謝を伝えさせてください。

最後に、この本を手に取ってくださった先生方とその学級の子どもたちに、たくさんのしあわせが訪れることを願っています。

森　大樹

執筆者一覧（執筆順）

監修者

山崎克洋　　　　神奈川県小田原市公立小学校

編著者

森 大樹　　　　福岡県福岡市公立小学校

執筆者

高橋 優　　　　神奈川県小田原市公立小学校

古舘良純　　　　岩手県花巻市立若葉小学校

森 桂作　　　　兵庫県川西市立川西小学校

中田稔真　　　　神奈川県小田原市公立小学校

市岡真梨乃　　　兵庫県神戸市立会下山小学校

片岡友哉　　　　千葉県千葉市公立小学校

初任者スタプロメンバー

小谷地耕大　　　青森県弘前市立豊田小学校

菅野翔大　　　　福島県西郷村立熊倉小学校

齋藤祐佳　　　　宮城県仙台市立国見小学校

2024年 2 月23日現在

参考文献

第1章「学級開き〜子どもたちとの最高の出会いをめざして〜」
- 松島博昭著『どの子もHappyになる！教室週刊づくり7つの原則』学芸みらい社、2021

第1章「係活動」
- 向山洋一著『学級を組織する法則』明治図書、1991

第1章「子どもが安心できる給食指導」
- 公益財団日本学校保健会『たまごのたまちゃんのしらなかったこと（しょくもつアレルギー）』2013
- よしながこうたく作『給食番長』好学社、2014
- 谷川俊太郎詩、塚本やすし絵『しんでくれた』佼成出版社、2014
- 坂本義喜原案、内田美智子作、魚戸おさむとゆかいななかまたち絵『いのちをいただく：みいちゃんがお肉になる日』講談社、2013
- 最勝寺朋子作・絵『しらすどん』岩崎書店、2021
- はらぺこめがね作・装丁『やきそばばんばん』あかね書房、2016

第1章「日常的なトラブル対応」
- 高濱正伸監修、林ユミ絵、『おやくそくえほん：はじめての「よのなかルールブック」日本図書センター、2020
- 松谷みよ子文、味戸ケイコ絵『わたしのいもうと』偕成社、1987
- レイフ・クリスチャンソン文、にもんじまさあき訳、ディック・ステンベリ絵『わたしのせいじゃない：せきにんについて』岩崎書店、1996

第1章「学級目標の決め方と使い方」
- 坂本良晶著「さる先生のCanvaの教科書」学陽書房、2023

第2章「いじめ防止指導」
- ひろゆき著『よのなかの攻略法 学校編（ミライの攻略法）』小学館、2022
- 和久田学著『学校を変えるいじめの科学 = The Science of Bullying』日本評論、2019
- 向山洋一著『「いじめ」は必ず解決できる：現場で闘う教師たちの実践』扶桑社、2007

第4章「語り」
- 三好真史著『子どもが変わる3分間ストーリー』フォーラム・A企画、2017
- 渡辺道治著『心を育てる語り：僕が大切にしている学級づくりの原点』東洋館出版社、2022

第4章「子ども同士のつながりづくり」

- 中村健一著『つまらない普通の授業をおもしろくする！小ワザ＆ミニゲーム集 BEST57＋α』黎明書房、2015

第4章「宿題」

- 葛原祥太著『「けテぶれ」宿題革命！：子どもが自立した学習者に変わる！：計画 テスト分析練習』学陽書房、2019

第4章「学級通信」

- 山崎克洋著『教師1年目がハッピーになるテクニック365』東洋館出版社、2023
- 渡辺道治著『BBQ型学級経営』東洋館出版社、2022

第4章「学級遊び」

- 甲斐崎博史著『クラス全員がひとつになる学級ゲーム＆アクティビティ100』ナツメ社、2013

カスタマーレビュー募集

本書をお読みになった感想を下記サイトにお寄せ下さい。レビューいただいた方には特典がございます。

https://www.toyokan.co.jp/products/5411

初任者教師のスタプロ
ハッピー学級経営編

2024（令和6）年2月23日　初版第1刷発行

監　修　　山崎克洋
編　著　　森　大樹
発行者　　錦織圭之介
発行所　　株式会社 東洋館出版社
　　　　　〒101-0054　東京都千代田区神田錦町2-9-1
　　　　　　　　　　　　コンフォール安田ビル2階
　　　　　代表　　TEL：03-6778-4343　FAX：03-5281-8091
　　　　　営業部　TEL：03-6778-7278　FAX：03-5281-8092
　　　　　振替　　00180-7-96823
　　　　　URL　https://www.toyokan.co.jp

［デザイン］小口翔平＋村上佑佳（tobufune）
［イラスト］ナーブエイト　岡村亮太
［組　　版］株式会社　明昌堂
［印刷・製本］株式会社　シナノ

ISBN978-4-491-05411-7　　　　　　　　　　　Printed in Japan